Prisma Verlag

Originaltitel: 99 gyümölcsös édesség 33 színes ételfotóval
Corvina Kiadó, Budapest 1984

Fachliche Durchsicht: Zoltán Mészáros,
Chefkonditor des Hotels Forum, Budapest
Deutsch von Herriett Ferenczi

Typographische Gestaltung: Vera Köböl
Auf dem Umschlag: Jeannettes Apfelsinentorte
© Text und Fotos: Mari Lajos und Károly Hemző, 1984

Gemeinschaftsausgabe des Prisma Verlages GmbH,
Gütersloh, und des Corvina Kiadó, Budapest

ISBN 3-570-09301-8

Printed in Hungary, 1984
Druckerei Kossuth, Budapest

ANSTELLE EINES VORWORTS

„Schon die alten Griechen..." – so könnte ich meine Ausführungen über das Obst beginnen oder vielleicht noch besser „schon Eva...". Ich könnte aus der Literatur, der Kunst oder aus der Musik Geschichten von berühmten und berüchtigten Äpfeln, Granatäpfeln, Feigen, Orangen, herrlichen Trauben erzählen – aber das ist nicht Gegenstand dieses Buches.

Das Obst gehört zu den wichtigsten Nahrungsmitteln, es enthält wertvolle Mineralstoffe und Vitamine; bestimmte Obstkuren haben eine heilende Wirkung, sie machen den Menschen nicht nur gesünder, sondern sogar schöner. Auch viele Kosmetika werden aus Obst hergestellt. Es ist also empfehlenswert, möglichst viel Obst zu essen, und da es ausreichend Konserven und tiefgefrorenes Obst gibt, ist das zu jeder Jahreszeit möglich. Aus Obst können unzählige Arten von Vorspeisen, Suppen, Soßen, Beilagen, Erfrischungsgetränken und Desserts zubereitet werden.

In diesem Buch möchte ich einige Anregungen geben. Doch empfehle ich jedem, selbst Gerichte zu erfinden. Lediglich die *Mengenangabe* muß genau nach Anweisung der Rezepte eingehalten werden! Bei der Zubereitung der meisten Speisen weiß die erfahrene Hausfrau genau, wieviel sie von allen Zutaten nehmen muß, wobei sie die Mengen je nach ihrem Geschmack auch variiert. Bei Kuchen darf man sich aber nicht auf das Augenmaß verlassen, sondern muß eine Waage oder einen Meßbecher nehmen.

Die Speisen sollen auch ein Genuß für das Auge sein, das ist bei Desserts und vor allem bei Obstdesserts besonders wichtig. Dazu gehört auch eine entsprechend schöne Form des Anrichtens – nehmen wir möglichst ein Glasgefäß.

Das Dessert ist die „Krönung" der Mahlzeit. Darum muß es in *Geschmack*, *Farbe* und *Komposition* eine Harmonie bilden; jedoch gleichzeitig von den vorhergehenden Gängen abstechen. Nach gehaltvollen Hauptgerichten reicht man leichte, möglichst aus rohem Obst zubereitete Desserts und keine schweren Torten.

Im Anhang sind einige nützliche Hinweise zu finden, von denen sicher der eine oder andere bereits bekannt ist. Dennoch sollte man ihnen Augenmerk schenken, bevor mit der Zubereitung der Süßspeisen begonnen wird.

Zum Schluß noch soviel: ich gebe zu, daß in diesem Buch das vielleicht wichtigste Rezept fehlt, nämlich, wie man den Süßigkeiten widerstehen kann. Die nachfolgenden Obstrezepte erfordern vielleicht nicht immer Enthaltsamkeit.

SÜSSIGKEITEN AUS OBST

Erdbeerbombe

Für 10–12 Personen

6	Eigelb
4	Eiweiß
200 g	Zucker
¼ l	süße Sahne
400 g	Erdbeeren (auch tiefgefrorene)
1	Päckchen Vanillezucker (20 g)
1	Biskuitboden (2–3 cm dick)
¹⁄₁₀ l	Orangenlikör (Cointreau, Grand Marnier)
	Erdbeersirup

Eigelb mit Zucker schaumig rühren, vorsichtig die steifgeschlagene Sahne dazugeben und danach das steifgeschlagene Eiweiß darunterheben. Die Creme in zwei gleiche Teile teilen: An die eine Hälfte Vanillezucker, an die andere Erdbeeren geben. (Diesen Teil bis zur Verwendung in den Kühlschrank stellen.) Likör mit etwas Erdbeersirup verdünnen und den Biskuitboden von beiden Seiten damit begießen. Wenn er etwas weich geworden ist, in möglichst gleich große Tortenscheiben schneiden. Eine Puddingform oder eine tiefe Glasschüssel mit den Tortenscheiben auslegen, deren Spitzen zur Schüsselmitte zeigen und zwischen denen 1 cm Zwischenraum gelassen wird. Diesen mit Vanillecreme ausfüllen. In die Gefriertruhe stellen, bis die Creme hart gefroren ist. Nun mit Erdbeercreme bestreichen und alles erneut bis zum Servieren in die Gefriertruhe stellen (wenigstens 6–7 Stunden). Unmittelbar vor dem Servieren herausnehmen, auf eine Glasplatte stürzen und obenauf einige Eßlöffel Erdbeersirup gießen.

Anmerkung:
Anstelle von Erdbeeren können auch Aprikosen verwendet werden. In diesem Fall mit etwas lauwarmem Wasser verdünnte Aprikosenmarmelade und Aprikosenschnaps nehmen.

Erdbeerbombe

Geschichtetes mit Erdbeeren

Für 6 Personen

400 g	tiefgefrorener Blätterteig
150–200 g	Erdbeermarmelade
400 g	Erdbeeren
100 g	Kokosraspeln
100 g	Nüsse
1	Ei

Teig auftauen lassen, dünn ausrollen und in vier etwa 10–12 cm breite Streifen schneiden. Den ersten Streifen mit Hilfe des Nudelholzes auf das Blech legen, mit Erdbeermarmelade bestreichen, mit grobgehackten Nüssen und Kokosraspeln bestreuen. Darauf die gereinigten halbierten oder geviertelten Erdbeeren geben und alles mit einem Teigstreifen bedecken. Den ganzen Vorgang wiederholen. Die Streifen gut aufeinanderdrücken, damit die Füllung nicht herausläuft! Den obersten Streifen mit Eigelb bestreichen, alles in die vorgeheizte Backröhre geben und bei Mittelhitze goldgelb backen. Erkalten lassen und aufschneiden.

Erdbeer-Charlotte I (kalt)

Für 4 Personen

500 g	Erdbeeren
200 g	Löffelbiskuit
75 g	Zucker
1	Apfelsine
1	nußgroßes Stück Butter
Zur Creme:	
100 g	Zucker
30 g	Mehl (oder Vanillepuddingpulver)
4	Eigelb
½ l	Milch

Zuerst die Creme zubereiten. Eigelb mit Zucker schaumig rühren, langsam Mehl oder Puddingpulver und abgekochte, lauwarme Milch unter ständigem Rühren hineingeben. Über Dampf oder auf ganz kleiner Flamme ebenfalls unter ständigem Rühren abdicken, unter mehrmaligem Rühren abkühlen lassen, damit sich keine Haut an der Oberfläche bildet. Die gereinigten Erdbeeren abtropfen lassen (einige zur Garnierung beiseite legen), in eine Glasschüssel geben, mit Zucker bestreuen und mit Apfelsinensaft begießen, wenigstens eine halbe Stunde in den Kühlschrank stellen.

SÜSSIGKEITEN AUS OBST

Eine Springform (oder einen kleinen hohen Topf) fetten, den Boden und die Seiten mit Löffelbiskuit auslegen. An die erkaltete Creme die Erdbeeren geben und die Masse in die Form gießen. Die verbliebenen Löffelbiskuits darüberlegen und mindestens 3 Stunden in den Kühlschrank stellen, damit die Creme geliert. Auf eine Glasplatte stürzen und mit den restlichen Erdbeeren garnieren.

Erdbeer-Charlotte II (kalt)

Für 4 Personen

350 g	Löffelbiskuit
300 g	Erdbeeren
¼ l	süße Sahne
30 g	Gelatine
60 g	Zucker
¹⁄₁₀ l	Erdbeer- oder Himbeersirup

Eine gefettete Springform (oder einen kleinen, hohen Topf) mit Löffelbiskuits auslegen. Gelatine in lauwarmem Wasser auflösen, Erdbeer- oder Himbeersirup hinzugeben und auf kleiner Flamme unter ständigem Rühren so lange erwärmen, bis sich die Gelatine völlig auflöst. Eventuellen Schaum an der Oberfläche mit einem in Wasser getauchten Pinsel entfernen. Ist die Gelatinemasse lauwarm abgekühlt, die gereinigten Erdbeeren hinzugeben (einige Erdbeeren zur Garnierung beiseite legen). Alles erkalten lassen. Unterdessen Sahne und Zucker steif schlagen, den größten Teil langsam in den Gelatine-Obstsirup rühren und alles in die Form gießen, mit Folie abdecken und 2–3 Stunden in den Kühlschrank stellen. Die Form kurz vor dem Servieren in warmes Wasser tauchen, die Süßspeise auf eine Glasplatte stürzen, mit den verbliebenen Erdbeeren und Schlagsahne garnieren.

Erdbeer-Charlotte II.

AUS ERDBEEREN

Erdbeerschaum

Man kann auch Himbeeren oder Johannisbeeren nehmen

Für 6 Personen

250 g	Erdbeeren
	einige Walderdbeeren
⅕ l	süße Sahne
100 g	Zucker
2	Eiweiß
½	Zitrone
	Salz

An die Erdbeeren Zucker und Zitronensaft geben und alles im Mixer mischen. Eiweiß mit einer Prise Salz steif schlagen und in die gemixte Masse rühren. Danach auch die steifgeschlagene Sahne vorsichtig unterziehen und alles in eine tiefe vorgekühlte Glasschüssel oder Sektkelche geben. Obenauf mit einigen Erdbeeren und den Walderdbeeren garnieren. Den Erdbeerschaum bis zum Servieren – höchstens 3–4 Stunden, da der Schaum sonst zusammenfällt – in den Kühlschrank stellen.

Erdbeerschaum

Erdbeeren mit Schneekronen

Für 8 Stück

200 g	Puderzucker
⅛ l	süße Sahne
2	Eiweiß
8	große Erdbeeren
48	Walderdbeeren
	Öl
	Salz

Backblech mit Pergamentpapier oder Folie auslegen und dünn mit Öl bestreichen. Eiweiß mit einer Messerspitze Salz und Zucker steif schlagen, den Schaum in einen Spritzbeutel geben und 8 möglichst gleich große, etwa 1,5 cm hohe Häufchen von etwa 8–10 cm Durchmesser auf das Blech spritzen. In der vorgewärmten Backröhre bei schwacher Hitze (etwa 100 °C) 1 Stunde trocknen lassen. Danach die Häufchen vorsichtig mit einem Tortenheber auf ein Gitter oder Sieb legen und auskühlen lassen. (Ein Gitter bzw. Sieb ist erforderlich, damit die Baisermasse von allen Seiten gut trocknet.)
Vor dem Servieren die steifgeschlagene Sahne in einen Spritzbeutel geben und rosettenförmig auf die Baisers spritzen. Die Mitte mit einer Erdbeere und den Rand mit je 6 Walderdbeeren verzieren.

Erdbeercreme (Bavarois)

Für 4–6 Personen

500 g	Erdbeeren
¼ l	süße Sahne
200 g	Zucker
6–8	Löffelbiskuits
20 g	Gelatine
½	Zitrone

150 g Zucker mit ⅒ l Wasser 5 Minuten lang kochen und die in wenig lauwarmem Wasser gequollene Gelatine dazugeben.
6–8 Erdbeeren beiseite legen, die restlichen Früchte zerdrücken und mit Zitronensaft und Gelatinesirup gründlich vermischen. Sahne mit dem restlichen Zucker steif schlagen (ein wenig zum Garnieren beiseite tun) und hineingeben. Napfkuchenform ausspülen, Erdbeercreme hineingeben und mit Löffelbiskuits bedecken. 2–3 Stunden in den Kühlschrank stellen, dann auf eine Glasplatte stürzen und mit Schlagsahne und Erdbeeren garnieren.

SÜSSIGKEITEN AUS OBST

Erdbeer-Auflauf

Für 6 Personen

300 g	Erdbeeren
200 g	Zucker
4	Eiweiß
	Salz
1	nußgroßes Stück Butter
⅕ l	süße Sahne
¹⁄₁₀ l	Rum oder aromatischer Likör

Die gereinigten Erdbeeren (einige beiseite legen) mit 100 g Zucker zerdrücken. Eiweiß mit einer Prise Salz und dem restlichen Zucker steif schlagen und an das Erdbeerpüree geben. Eine gefettete Napfkuchenform mit Zucker bestreuen, die Masse hineingeben und in der vorgewärmten Backröhre bei Mittelhitze 25–30 Minuten backen. Mit gezuckerter Schlagsahne und den in Rum oder aromatischem Likör (z. B. Maraschino) getränkten Erdbeeren servieren.

Erdbeer-Heidelbeersalat

Für 6 Personen

250 g	Erdbeeren
250 g	Heidelbeeren
5 Eßl.	Wasser
200 g	Zucker
¹⁄₁₀ l	Kirschbranntwein
½	Zitrone

Je 100 g Erdbeeren und Heidelbeeren zerdrücken, mit dem Zitronensaft begießen und in einem kleinen Topf zu Sirup kochen: Wasser und Zucker etwa 10 Minuten kochen, vom Feuer nehmen, das zerdrückte Obst hinzugeben und das ganze erkalten lassen. Die restlichen Beeren in eine Glasschüssel tun und mit dem Branntwein sowie dem Obstsirup begießen.
Mindestens 1 Stunde vor dem Servieren in den Kühlschrank stellen.

Erdbeer-Parfait

Für 6 Personen

10	Eigelb
300 g	Zucker
⅕ l	Wasser
250 g	Erdbeeren
½ l	süße Sahne
30 g	Blockschokolade
30 g	abgezogene Mandeln

Aus Wasser und Zucker bei mäßiger Hitze Sirup kochen und löffelweise an das in einem kleinen Topf schaumig gerührte Eigelb geben und unter ständigem Rühren auf kleiner Flamme eine Creme kochen. Vom Feuer nehmen und noch 2–3 Minuten mit dem Schneebesen rühren. Danach die Erdbeeren zerdrücken und an die Creme geben. Die Masse erkalten lassen und erst dann die steifgeschlagene Sahne unterziehen. In einer Napfkuchen- oder Rehrückenform mindestens 12 Stunden in den Gefrierschrank stellen. ½ Stunde vor dem Servieren von dort in den Kühlschrank stellen, dann auf eine Glasplatte stürzen, mit geriebener Schokolade und grobgehackten Mandeln bestreuen.

Erdbeersalat à la Assunta

Für 4 Personen

400 g	Erdbeeren
4	Apfelsinen
	Puderzucker je nach Bedarf
3 Eßl.	Rum
½	Zitrone
¹⁄₁₀ l	Weißwein
4–5	Nelken

Erdbeeren halbieren, mit wenig Puderzucker bestreuen, mit Zitronensaft und Weißwein begießen und beiseite stellen. Danach Apfelsinen schälen, die Erdbeeren zerkleinern, mit Rum beträufeln, Nelken dazugeben, eine halbe Stunde stehen lassen und dann an die Erdbeeren geben. Nach Belieben nachzuckern. Man sollte den Salat einen halben Tag vor dem Servieren zubereiten, damit alle Zutaten gut durchziehen. Kalt, jedoch nicht gefroren servieren. (Nelken vorher entfernen!) Mit Schlagsahne und Waffeln verzieren.
Abwandlungen:
Anstelle von Rum Cognac oder Brandy nehmen. Anstelle von Apfelsinen Grapefruit oder Ananaskompott verwenden.
Wird der Salat in Bechern serviert, können auf den Boden 2–3 mit Rum beträufelte zerbröckelte Löffelbiskuits und obenauf 1–2 Kugeln bzw. Eßl. Vanilleeis getan werden.

Erdbeersalat à la Assunta

AUS HIMBEEREN

Himbeer-Variationen

Für 4 Personen
mit Brandy

500 g	Himbeeren
250 g	Zucker
¹⁄₁₀ l	Brandy

Himbeeren in Becher füllen. Zucker in einem kleinen Topf auflösen und karamelisieren. Dann den Brandy dazugießen, alles aufkochen – jedoch nicht mehr bräunen! – und über die Himbeeren gießen. Für 1–2 Stunden in den Kühlschrank stellen.

mit Maraschino

500 g	Himbeeren
50 g	Puderzucker
¹⁄₁₀ l	Maraschino
	Löffelbiskuits oder Roletti

Himbeeren mit Puderzucker bestreuen, zudecken und über Nacht in den Kühlschrank stellen. Unmittelbar vor dem Servieren mit dem Likör übergießen. Löffelbiskuits oder Roletti dazu reichen. Schmeckt nur gut gekühlt!

mit Rum

500 g	Himbeeren (auch gefrorene)
100 g	Zucker
½	Zitrone
¹⁄₁₀ l	Rum
¹⁄₅ l	süße Sahne

Zucker mit ¹⁄₁₀ l Wasser aufkochen, die Himbeeren hineingeben, einige Minuten dünsten und abseihen. Den Saft mit Zitronensaft über dem Feuer leicht andicken und Rum dazugießen. Himbeeren in Becher füllen, mit dem rumhaltigen Sirup begießen und gut gekühlt evtl. mit Schlagsahne garniert servieren.

SÜSSIGKEITEN AUS OBST

Himbeer- oder Erdbeer-Quark-Becher

Für 4 Personen

400 g	Quark
400 g	Himbeeren
120 g	Puderzucker
1	Päckchen Vanillezucker (20 g)
1	Ei
3 Eßl.	aromatischer Likör (Maraschino, Cointreau usw.)
1/5 l	süße Sahne
8	Löffelbiskuits

Quark durch ein dichtes Sieb streichen und mit Puderzucker, Vanillezucker, Eigelb und Likör schaumig rühren. Dann zerdrückte Himbeeren und steifgeschlagenes Eiweiß vorsichtig unterziehen (einige Himbeeren zur Garnierung beiseite legen).
Glasbecher mit je 2 zerbröckelten Löffelbiskuits auslegen, die Quarkcreme darübergeben und obenauf mit gezuckerter Schlagsahne und Himbeeren garnieren.
Gut gekühlt servieren.

Himbeer-Quark-Becher

Himbeer- oder Erdbeersalat mit Wodkacreme

Für 6 Personen

600 g	Himbeeren (auch gefrorene)
Zur Creme:	
4	Eigelb
100 g	Zucker
20 g	Mehl
1/2 l	Milch
1/8 l	Wodka
2/10 l	Schlagsahne

Gefrorenes Obst erst auftauen lassen. Inzwischen Eigelb mit Zucker und Mehl glattrühren, langsam die Milch hineingeben und über Wasserdampf bzw. auf kleiner Flamme unter ständigem Rühren eindicken, aber nicht kochen! Die Creme abkühlen lassen, dann mit Wodka verrühren und die Hälfte der Schlagsahne vorsichtig unterziehen. Himbeeren in Glasschalen bzw. Kelche verteilen, mit der Creme übergießen und obenauf mit Schlagsahneröschen verzieren. Gut gekühlt servieren!
Abwandlung:
Werden Erdbeeren verwendet, können auch 1 gewürfelte Grapefruit oder 3–4 Ananasringe dazugegeben werden.

Grießbrei mit Johannisbeeren

Für 6 Personen

1 l	Milch
150 g	Grieß
300 g	Zucker
1/2	Zitrone
	Salz
4	Eiweiß
800 g	Johannisbeeren
3 Eßl.	Maraschino oder anderer aromatischer Likör
2/10 l	süße Sahne
30 g	Puderzucker

Milch mit 100 g Zucker, abgeriebener Zitronenschale und einer Prise Salz aufkochen, Grieß unter ständigem Rühren vorsichtig dazugeben und

Grießbrei mit Johannisbeeren

SÜSSIGKEITEN AUS OBST

kochen. Eiweiß mit 30 g Puderzucker steif schlagen und löffelweise vorsichtig in den noch warmen Grießbrei geben. Ist er fast erkaltet, die Hälfte der gewaschenen und abgestreiften Johannisbeeren hinzugeben. Napfkuchenform bzw. Kelche mit Wasser ausspülen, die Masse hineingeben, mit einem angefeuchteten Tortenmesser glattstreichen, nach dem Erkalten mit Folie zudecken. Mindestens 3–4 Stunden in den Kühlschrank stellen. Vor dem Servieren den *Johannisbeerguß* zubereiten: Die verbliebenen 400 g Johannisbeeren (einige zur Garnierung beiseite legen) im Mixer pürieren, durch ein Plastiksieb oder ein Seihtuch drücken. In einem Emailletopf 6 Eßlöffel Wasser mit 120 g Zucker 10 Minuten kochen, Johannisbeersaft dazugießen und nochmals 10 Minuten auf kleiner Flamme kochen. Schließlich mit Likör verrühren, aber nicht mehr kochen. Bis zum Servieren warm halten. Sahne mit 50 g Zucker steif schlagen. Grießauflauf mit wenig Johannisbeersaft begießen, Oberfläche und Rand mit Schlagsahnerosetten und Johannisbeeren garnieren. Den heißen Johannisbeerguß in vorgewärmten Tassen dazu reichen.

Anmerkung:
Man kann auch Erdbeeren, Himbeeren bzw. alle anderen roten Obstsorten dazu nehmen.

Französischer Kirsch- oder Sauerkirschstrudel

Für 6–8 Personen

400 g	tiefgekühlter Blätterteig
1 kg	feste Kirschen oder Sauerkirschen
12	Mandel- oder Nußbaisers
50 g	abgezogene, gemahlene Mandeln
70 g	Butter
100 g	Zucker
½	Zitrone
1 Prise	Zimt
80 g	feines Semmelmehl
1	Ei

Das gereinigte, entsteinte Obst in ein Sieb geben. Semmelmehl in Butter leicht bräunen und erkalten lassen. Den aufgetauten Blätterteig auf einem mit Mehl bestäubten Geschirrtuch dünn ausrollen, mit der Hälfte des aufgeschlagenen Eis bestreichen, mit gebräuntem Semmelmehl, Obst und zerbröckelten Baisers, Mandeln (wovon 2 Eßlöffel beiseite gelegt wurden), abgeriebener Zitronenschale sowie mit Zucker und Zimt belegen. Vorsichtig mit Hilfe des Geschirrtuches den Teig aufrollen und beide Enden gut zusammendrücken oder einschlagen. Auf dem Blech mit dem restlichen Ei bestreichen, mit Semmelmehl und den restlichen Mandeln bestreuen und in der vorgewärmten Backröhre bei Mittelhitze goldgelb backen.

Abwandlung:
Kann mit Apfel-, Apfel-Mohn- und Quark-Rosinen-Füllung zubereitet werden.
Mandeln können durch Nüsse ersetzt werden – das ist die „Tiroler" Art.

Kirschschnitte

Für 6 Personen

Zum Teig:	
150 g	Mehl
75 g	Butter oder Margarine
½	Zitrone
	Salz
Zur Füllung:	
500 g	feste Kirschen
100 g	Butter
2	Eier
50 g	abgezogene, gemahlene Mandeln
150 g	Mehl
100 g	Zucker

Mehl und Butter zerbröckeln, abgeriebene Zitronenschale, eine Prise Salz und so viel Wasser dazugeben, daß ein halbweicher Teig entsteht. Diesen zusammenkneten, ausrollen und damit ein gefettetes, bemehltes, nicht zu hohes Kuchenblech auslegen.

Zur Füllung:
Butter und Zucker in einer tiefen Schüssel schaumig rühren, nacheinander Eier, Mandeln und Mehl vorsichtig unterziehen. Zum Schluß 400 g entsteinte, halbierte Kirschen dazugeben. Damit den Teig belegen und in der vorgewärmten Backröhre bei mäßiger Hitze goldgelb backen. Auf dem Blech erkalten lassen, in Würfel schneiden, die Oberfläche nach Belieben mit Puderzucker bestäuben und mit den restlichen Kirschen garnieren.

Anmerkung:
Man kann auch gefrorenes Obst oder Kirschkompott nehmen, bei Kompott braucht man weniger Zucker.
Schmeckt auch mit Sauerkirschen, Aprikosen oder Pflaumen ausgezeichnet!

Französischer Kirschstrudel

SÜSSIGKEITEN AUS OBST

Kirsch- oder Sauerkirschkelch mit Joghurt

Für 6 Personen

6 Becher	Sauerkirschjoghurt
5–6	Kirschen oder Sauerkirschen (auch gefrorene, Kompott oder Rumkirschen)
	Puderzucker
4 Eßl.	Cherry Brandy
4/10 l	süße Sahne

Joghurt in eine tiefe Schüssel gießen, Zucker und Likör dazugeben, gut verrühren und für eine Stunde in den Kühlschrank stellen. In Kelche füllen und mit Schlagsahne und Kirschen garnieren. Dazu Waffeln oder Löffelbiskuits reichen.

Sauerkirschgelee-Schnitten

Für 8–10 Personen

2	1,5 cm dicke, 30 × 20 cm große Biskuitböden
1	Päckchen Frucht- oder Vanillepudding
½ l	Milch
100 g	Puderzucker
½	Zitrone
400 g	Butter oder Margarine
1	Glas (800–850 g) eingemachte Sauerkirschen
1	Päckchen Vanillezucker (20 g)
100 g	Johannisbeermarmelade
50 g	Speisegelatine

Fertige Biskuitplatten verwenden oder nach dem üblichen Rezept (s. S. 60) backen.
Zubereitung der Creme:
Pudding kochen, erkalten lassen, Vanillezucker und Zitronensaft dazugeben und alles mit Butter bzw. Margarine schaumig rühren; für eine halbe Stunde in den Kühlschrank stellen.
Eine Biskuitplatte auf ein tiefes Kuchenblech legen, mit Creme bestreichen und die andere Biskuitplatte darüberlegen. Mit einem 4–5 cm breiten Streifen Pergamentpapier oder Folie umgeben (damit das Gelee nicht herausfließt). Oberfläche mit Johannisbeermarmelade bestreichen. Sauerkirschen abtropfen lassen, entsteinen und gut dicht auf die Torte legen.

Zubereitung des Gelees:
Gelatine in einem ½ l Sauerkirschsaft verrühren, leicht erwärmen, bis die Gelatine völlig aufgelöst ist. Aufpassen, daß sich kein Schaum bildet. Ist das dennoch der Fall, so wird dieser mit einem angefeuchteten Pinsel entfernt, damit man klares Gelee bekommt. Danach mit einem Pinsel die im Wasserbad warm gehaltene Gelatine auf das Obst tropfen, gut alle Zwischenräume ausfüllen. Torte in den Kühlschrank stellen, wo die Gelatine innerhalb weniger Minuten erstarrt. In Würfeln oder längliche Scheiben geschnitten servieren.
Anmerkung:
Man kann auch Ananas- oder Aprikosenkompott nehmen.

Kirschtorte

Für 4 Personen

200 g	schwarze Kirschen
100 g	Puderzucker
50 g	Semmelmehl
50 g	Mandeln
4	Eier
3 Eßl.	aromatischer Likör
½	Zitrone
50 g	Butter oder Margarine

Die gereinigten Kirschen entsteinen, den dabei entstandenen Saft beiseite stellen. Eigelb mit Zucker schaumig rühren, unter ständigem Rühren langsam Semmelmehl, 30 g zerlassene Butter, abgeriebene Zitronenschale, Likör, den Saft der Kirschen und steifgeschlagenes Eiweiß vorsichtig unterziehen. Tortenform buttern, mit Hilfe der abgezogenen, grobgehackten Mandeln bestreuen und die Masse in die Form streichen. Obenauf Kirschen und die restlichen Mandeln geben. In der vorgewärmten Backröhre bei mäßiger Hitze 30 Minuten backen. In der Tortenform erkalten lassen. Aufgeschnitten auf den Tisch bringen.
Abwandlung:
Schmeckt auch mit Sauerkirschen oder sonstigem aromatischen Obst (z. B. Aprikosen) vorzüglich. Man kann auch Kompott verwenden.
Dieses gut abtropfen lassen, da die Torte sonst durchweicht!

Kirschkuchen mit Schneedecke

Sauerkirsch- oder Kirschkuchen mit Schneedecke

Für 6–8 Personen

400 g	Mehl
200 g	Butter oder Margarine
6	Eier
20 g	Hefe
6 EBl.	Milch
1	Würfelzucker
	Salz
	Puderzucker
800 g	Sauerkirschen (oder Kompott)
350 g	Zucker
100 g	gemahlene Nüsse
½	Zitrone

Mehl und Butter zerbröckeln, Eigelb, eine Prise Salz, abgeriebene Zitronenschale dazugeben und mit der in lauwarmer Milch, in die der Würfelzucker gegeben wurde, aufgegangenen Hefe zusammen kneten. Daraus einen Ballen formen und mit einem Geschirrtuch zugedeckt eine halbe Stunde gehen lassen. Inzwischen Sauerkirschen entsteinen. Ein mittelgroßes Blech fetten, mit Mehl bestäuben und den fingerdick ausgerollten Teig darauflegen, mit einer Gabel mehrmals einstechen und in der vorgewärmten Backröhre halb gar backen. Danach Kirschen auf den Teig legen, gemahlene Nüsse darüberstreuen und mit dem mit Zucker steifgeschlagenen Eiweiß bestreichen. Den Kuchen so lange in der lauwarmen Backröhre lassen, bis der Eierschnee eine goldgelbe Farbe angenommen hat (etwa 30–35 Minuten). Auf dem Blech erkalten lassen und mit angefeuchtetem Messer aufschneiden, da der Eierschnee leicht bricht. Es ist kein Versehen, daß der Teig keinen Zucker enthält, da der Eierschnee süß genug ist. Mit Puderzucker bestreuen.

SÜSSIGKEITEN AUS OBST

Flambierte Sauerkirschen mit Nußeis

Für 4 Personen

12 Kugeln	Nuß-, Rumnuß- oder Vanilleeis
250 g	Sauerkirschen
3–4 Eßl.	Sauerkirschgelee
30 g	Butter
3 Eßl.	Rum oder Kirschbranntwein

Flambierte Kirschen werden am Eßtisch zubereitet: Butter in einem geeigneten Flambiergefäß zergehen lassen, Sauerkirschgelee dazugeben und aufkochen. Danach Sauerkirschen hineinrühren und durchziehen lassen; Rum bzw. Branntwein in der herkömmlichen Art anzünden und auf die Kirschmasse gießen. Ist die Flamme verglimmt, die flambierten Früchte auf das vorher bereits in Kelchen portionierte Eis geben und sofort servieren.

Kirsch- oder Sauerkirschtaschen

Für 6 Personen

	Zum Teig:
300 g	Mehl
175 g	Butter oder Margarine
40 g	Zucker
1	Ei
	Salz
1	Päckchen Vanillezucker (20 g)
	Zur Füllung:
500 g	frische oder eingemachte Kirschen oder Sauerkirschen
50 g	gemahlene Nüsse
1	Ei
	Zimt-Puderzucker

Mehl und Butter zerbröckeln, Zucker, Vanillezucker, Ei, eine Prise Salz und so viel lauwarmes Wasser dazugeben, daß ein fester, jedoch gut knetbarer Teig entsteht. Daraus einen Ballen formen und 15 Minuten ruhen lassen. Inzwischen Kirschen (Sauerkirschen) entsteinen und den Teig dünn ausrollen. In 8 × 8 cm große Quadrate ausradeln, auf jedes Quadrat einige Kirschen geben und gemahlene Nüsse darüberstreuen. Den Teig zu einem Dreieck zusammenschlagen, die Ränder mit angefeuchteten Fingern gut zusammendrücken, damit der Obstsaft nicht herausläuft. Die Taschen nebeneinander auf ein gefettetes Blech legen und mit Ei bestreichen. In der vorgewärmten Backröhre bei Mittelhitze (etwa 20 Minuten) goldgelb backen. Noch warm Zimt-Puderzucker darüber streuen. Lauwarm oder kalt servieren.

Aprikosentorte à la Großherzogin

Für 6 Personen

3	Eier
150 g	Zucker
150 g	Mehl
50 g	Butter
20 g	Hefe
1/10 l	Milch
1	Würfelzucker
1	Zitrone
4/10 l	süße Sahne
300 g	Aprikosen (oder Kompott)
300 g	Himbeeren (oder gefrorene)
1/10 l	aromatischer Likör (z. B. Cointreau oder Maraschino)
50 g	geriebene Blockschokolade

Butter über Dampf zergehen lassen und so beiseite stellen, daß sie flüssig bleibt. Eigelb und Zucker in einer tiefen Glas- oder Porzellanschüssel schaumig rühren, Butter und abwechselnd einen Löffel Mehl und einen Löffel steifgeschlagenes Eiweiß dazugeben. Hefe und Würfelzucker in lauwarmer Milch aufgehen lassen und mit der abgeriebenen Zitronenschale an die Masse geben.
Die Masse in eine gefettete, bemehlte wenigstens 5 cm hohe Tortenform von 20 cm Durchmesser geben und mit Butterbrotpapier zudecken, damit die Oberfläche nicht verbrennt. Torte in die vorgewärmte Backröhre stellen und bei Mittelhitze etwa eine halbe Stunde backen. Die Backröhre 20 Minuten lang nicht öffnen, da die Torte sonst zusammenfällt. Torte erkalten lassen und waagerecht durchschneiden. Die beiden Hälften mit Likör begießen, der mit etwas Wasser verdünnt wird. Die eine Scheibe auf eine Tortenplatte legen, mit der Hälfte der Schlagsahne bestreichen und mit zwei Drittel der Himbeeren bestreuen. Falls es sich um gefrorene handelt, erst auftauen lassen. Dann die zweite Scheibe darauflegen, wieder mit Schlagsahne bestreichen (3–4 Löffel zur Garnierung aufheben), und die abgetropften, hal-

Aprikosen-„Igel"

bierten entsteinten Aprikosen symmetrisch mit der Öffnung nach oben verteilen. In jede Aprikosenhälfte eine Himbeere legen, und zwischen das Obst mit dem Spritzbeutel Schlagsahne spritzen. Reichlich mit geriebener Schokolade bestreuen und gut gekühlt servieren.

Aprikosen-„Igel" (ohne Backen)

Für 6 Personen

6	große Aprikosen
12	Scheiben Milchbrot oder süßer Zwieback
100 g	Puderzucker
½	Zitrone
¼	Vanillestange
50 g	abgezogene Mandeln
⅕ l	süße Sahne
1 Teel.	Zitronensaft

Die gewaschenen Aprikosen in heißes Wasser tauchen, Schale abziehen, halbieren und entsteinen. Aus ³⁄₁₀ l Wasser und 50 g Puderzucker Sirup kochen, abgeriebene Zitronenschale und Vanille hinzugeben und Aprikosen darin halb gar kochen. In einem Sieb abtropfen lassen und den Sirup beiseite stellen. Aus dem Milchbrot größere Scheiben, als die Aprikosen sind, ausstechen, hellbraun toasten, auf eine Kuchenplatte legen, mit etwas warmem Sirup begießen und erkalten lassen. Dann auf jede Scheibe eine halbe Aprikose mit der Öffnung nach oben legen, an den erkalteten Sirup den Zitronensaft geben und die Aprikosen damit begießen. Die abgezogenen Mandeln in nicht zu kleine Stiftchen schneiden und in die Aprikosen stechen. Sahne mit dem restlichen Zucker steif schlagen und mit dem Spritzbeutel Rosetten zwischen die Früchte spritzen. Gekühlt servieren.

SÜSSIGKEITEN AUS OBST

Aprikosenauflauf

Für 4 Personen

300 g	Aprikosen
³/₈ l	Milch
100 g	Zucker
40 g	Mehl
30 g	Butter oder Margarine
3	Eigelb
4	Eiweiß
5 Eßl.	Kirschbranntwein
1	Päckchen Vanillezucker (20 g)
	Salz

Die gewaschenen Aprikosen in heißes Wasser tauchen, Schale abziehen, halbieren, entsteinen und mit ¹/₁₀ l Milch und 50 g Zucker weich kochen. Nicht rühren, nur schütteln. Erkalten und dann abtropfen lassen, mit etwas Branntwein begießen und beiseite stellen. Den restlichen Zucker mit ¹/₅ l Milch, Vanillezucker und einer Prise Salz aufkochen. Mehl mit der verbliebenen kalten Milch glattrühren und unter ständigem Rühren die aufgekochte Milch dazugießen. Wieder aufsetzen und andicken. In die lauwarm abgekühlte Masse einzeln Eigelb und ein nußgroßes Stück Butter geben, gut verrühren und das steifgeschlagene Eiweiß unterziehen. Eine feuerfeste Form buttern, mit Zucker bestreuen und schichtweise Creme und Aprikosen hineingeben. Die unterste und die oberste Schicht muß eine Cremeschicht sein. Den Auflauf in der vorgewärmten Backröhre etwa 25 bis 30 Minuten backen. Die Ofentür zwischendurch nicht öffnen, da der Auflauf zusammenfällt. Sofort warm servieren. Der Auflauf kann auch mit Kompott zubereitet werden.

Pfirsichtorte (ohne Backen)

Für 4–6 Personen

200 g	Löffelbiskuit
125 g	Pfirsichkompott
¹/₈ l	Sauerkirschlikör
¹/₈ l	süßer Weißwein
¹/₁₀ l	süße Sahne
75 g	Aprikosenkompott
30 g	abgezogene Mandeln
	Puderzucker
1	Päckchen Vanillezucker (20 g)
³/₈ l	Brandy-Chaudeau (s. S. 61)

Eine rechteckige Tortenform mit Folie auslegen. Drei Viertel der Löffelbiskuits in eine Mischung aus Wein und Sauerkirschlikör tauchen und die Form mit den Biskuits auslegen. Sahne mit Vanillezucker und wenig Puderzucker steif schlagen. Danach Pfirsiche und Aprikosen würfeln und Mandeln in Stiftchen schneiden. Eine Schicht Schlagsahne in die Form geben, darüber eine Schicht Obst, das mit Mandeln bestreut wird. Das ganze so lange wiederholen, wie die Zutaten reichen. Den Abschluß bildet eine Schicht eingeweichte Löffelbiskuits. Die Torte mit geölter Folie zudecken und mit einem Gewicht zusammendrücken. Wenigstens 4–5 Stunden in den Kühlschrank stellen.
Chaudeau auf die übliche Weise zubereiten. Tortenform auf eine Tortenplatte stürzen, Folie abnehmen, mit dem noch warmen Chaudeau begießen und sofort servieren.
Abwandlung:
Schmeckt auch mit heißer Schokoladensoße vorzüglich.

Aprikosen in Weinteig

Für 4 Personen

9–12	reife, feste Aprikosen
200 g	Mehl
2	Eier
1	Eigelb
¹/₅ l	Weißwein
	Salz
	Öl
2	Rumkirschen oder Sauerkirschen je Aprikose
	Zimt-Puderzucker

Die gewaschenen Aprikosen in heißes Wasser tauchen, abziehen, halbieren und entsteinen. Mehl und Eier verrühren, eine Prise Salz und nach und nach Weißwein dazugeben. Aprikosenhälften in den Teig tauchen und in reichlich Öl goldgelb backen, auf saugfähiges Papier legen und warm halten. Aprikosen mit der Öffnung nach oben auf eine Glas- oder Porzellanschale legen und die Mitte mit je einer Sauerkirsche garnieren, mit Zimt-Puderzucker nach Geschmack bestreuen und sofort servieren.

Aprikosen in Weinteig

SÜSSIGKEITEN AUS OBST

Pfirsich Melba (schnell zubereitet)

	Vanilleeis
	Pfirsichkompott
	Himbeermarmelade oder frische Himbeeren
	Kirschbranntwein

In jeden Becher 2–3 Löffel Vanilleeis geben und obenauf einen halben Pfirsich legen. Himbeermarmelade mit etwas Kirschbranntwein verdünnen und über die Pfirsiche gießen. Bis zum Servieren kalt stellen.

Pfirsich Melba kann auch mit frischen Pfirsichen zubereitet werden.
Die Pfirsiche in heißes Wasser tauchen, abziehen, halbieren und entsteinen. In mit etwas Vanille abgeschmecktem Sirup kochen, abtropfen und erkalten lassen. Das Dessert gewinnt, wenn es nicht mit Himbeermarmelade, sondern mit zerdrückten frischen Himbeeren übergossen und mit grobgehackten abgezogenen Mandeln bestreut wird.

Pfirsichtorte mit Schlagsahne

Für 6–8 Personen

1	fertige Biskuittorte
½ l	süße Sahne
4–5	große, gelbe Pfirsiche
300 g	rotes Beerenobst (Himbeeren, Erdbeeren, Johannisbeeren, Brombeeren usw.)
100 g	Puderzucker
1	Päckchen Vanillezucker (20 g)
1/10 l	aromatischer Orangenlikör (Curaçao, Maraschino, Triple sec usw.)

Die gewaschenen Pfirsiche in kochendes Wasser tauchen, abziehen, entsteinen, in schmale Streifen schneiden, mit wenig Zucker bestreuen, mit Likör begießen und etwa eine halbe Stunde kalt stellen. Die Torte in drei gleich dicke Böden schneiden, den ersten Boden auf eine Tortenplatte geben und mit dem Saft der Pfirsiche begießen. Sahne mit restlichem Zucker und Vanillezucker steif schla-

gen, einen Teil davon auf den Tortenboden streichen, Pfirsichstreifen und einige Beeren daraufschichten. (⅓ der Früchte muß zum Garnieren aufgehoben werden.) Es folgen die zweite Platte, Schlagsahne und Obst. Die letzte Tortenplatte ebenfalls mit Schlagsahne bestreichen, in der Mitte kreisförmig die Pfirsichstreifen anordnen, dann folgt ein Kreis Beeren. An den Rand der Torte einen 3–4 cm hohen Schlagsahnekranz spritzen. Bleibt Schlagsahne übrig, auch die Seiten der Torte bestreichen. Bis zum Servieren in den Kühlschrank stellen.

Flambierte Pfirsiche

Für 4 Personen

8	Pfirsiche (oder Kompott)
60 g	Zucker
40 g	Butter
¹⁄₁₀ l	aromatischer (leicht bitterer) Likör
8	Nuß- oder Mandelbaisers
1	Zitrone
1	Apfelsine
4 Eßl.	Johannisbeer- oder Blaubeergelee

Butter in einer Pfanne oder einem feuerfesten Gefäß zergehen lassen, Zitronen- und Apfelsinensaft, Zucker und die Hälfte des Likörs dazugeben. Unter ständigem Rühren so lange kochen, bis die Flüssigkeit eine karamelartige Farbe bekommt. Dann die halbierten, abgezogenen Pfirsiche hineingeben, heiß werden lassen und mit der Öffnung nach oben legen. In jede Öffnung ein Baiser legen. Inzwischen Johannisbeergelee mit wenig lauwarmem Wasser und einigen Tropfen Likör verdünnen und über die Pfirsiche gießen. Den restlichen Likör in einer Schöpfkelle erhitzen, anzünden und über die Pfirsiche gießen.
(Wie flambiert man? s. S. 61)
Abwandlung à la Alhambra:
Ebenfalls aus den obigen Zutaten zubereiten, anstelle der Baisers die Pfirsiche mit in Zucker gerösteten Mandeln und kleingeschnittenen kandierten Früchten füllen; statt Likör Brandy nehmen.

Pfirsichtorte mit Schlagsahne

Mokka-Melone

Für 6 Personen

2	mittelgroße Zuckermelonen
¼ l	starker Bohnenkaffee
¹⁄₁₀ l	Triple sec
½	Zitrone
⅕ l	süße Sahne
150 g	Puderzucker

Melonen waschen, halbieren, Kerne entfernen und mit einem Löffel das Fruchtfleisch herausnehmen. 100 g Puderzucker im Bohnenkaffee auflösen, Likör, Zitronensaft und das zerkleinerte Melonenfleisch dazugeben und gleichmäßig in die Melonenschalen füllen. In Folie wickeln und bis zum Auftragen in den Kühlschrank stellen.
In Schälchen gezuckerte Schlagsahne dazu reichen.
Abwandlungen:
Statt Triple sec Rum oder Brandy nehmen.
Mit einigen Ananaswürfeln aus der Dose bereichern.
In Kelchgläsern auf Vanilleeis servieren.

Pfirsichsalat mit Sekt

Für 4 Personen

8	gelbe, reife Pfirsiche
60 g	Puderzucker
1	Zitrone
⁷⁄₁₀ l	halbtrockener Sekt

Die gewaschenen Pfirsiche in kochendes Wasser tauchen, Schale abziehen, halbieren und entsteinen. Dann in größere Würfel oder dünne Streifen schneiden und in eine tiefe Glasschüssel legen. Im Zitronensaft Puderzucker verrühren, über die Pfirsiche gießen und zugedeckt für mehrere Stunden in den Kühlschrank stellen.
Den gut gekühlten Sekt erst kurz vor dem Servieren über die Pfirsiche gießen.

Tokajer Melonencocktail

Für 8–10 Personen

2,5–3 kg	Wassermelone in einem Stück
1 kg	Zuckermelone
³⁄₁₀ l	süßer Tokajer Szamorodni oder Furmint

AUS MELONEN

3 Eßl.	Aprikosengeist
	Puderzucker nach Bedarf

Wassermelone waschen, halbieren und mit dem Schabemesser aus dem Fruchtfleisch Kugeln formen. Soviel Kerne wie möglich entfernen. Das gleiche mit der Zuckermelone tun. Die beiden Melonenarten in einer tiefen Glasschüssel vermischen und je nach Geschmack mit Puderzucker nachsüßen, mit Wein und Aprikosengeist begießen und 3–4 Stunden in den Kühlschrank stellen. Vor dem Servieren evtl. mit Sauerkirschen garnieren. Schmeckt nur gut gekühlt!

Anmerkung:
Den Melonencocktail gut zudecken, da sonst die übrigen Lebensmittel im Kühlschrank den starken Geruch der Melone annehmen!

◁ *Pfirsichsalat mit Sekt*

Obstsalat im Melonenkelch

Für 8–10 Personen

2,5–3 kg	Wassermelone in einem Stück
	Saisonobst (Pfirsiche, Aprikosen, Weintrauben, Äpfel, Himbeeren usw.)
1/10 l	aromatischer Likör (Maraschino, Triple sec usw.) oder
3/8 l	Sekt
	Puderzucker

Wassermelone waschen, halbieren und mit einem Kartoffelkugel-Ausstecher Kugeln aus dem Fruchtfleisch schneiden. Kerne entfernen. Eine 2–3 cm dicke Fruchtfleischschicht an der Schale lassen, da die weiße Schicht nicht schmeckt. Ränder der beiden Melonenhälften mit einem scharfen Messer einzacken. Saisonobst waschen, ent-

Tokajer Melonencocktail

steinen, in Würfel schneiden, in einer tiefen Glasschüssel vermischen und die Melonenkugeln dazugeben. Nach Belieben mit Puderzucker und Likör anreichern und in die Melonenschale füllen. Mit Folie gut abgedeckt mindestens 3–4 Stunden vor dem Anrichten in den Kühlschrank stellen. Statt Likör kann auch Sekt verwendet werden, der beim Servieren gut gekühlt darübergegossen wird.

Birnen-Apfel-Püree mit Schneedecke

Für 4 Personen

500 g	Äpfel
500 g	Birnen
60 g	Butter
2	Eiweiß
120 g	Puderzucker
1 Prise	Zimt
½	Zitrone

Obst schälen, das Kernhaus entfernen, in kleine Würfel schneiden und in ganz wenig Wasser mit Zitronensaft ein Püree kochen. Noch warm 50 g Butter und Zimt dazugeben. Mit der restlichen Butter eine feuerfeste Form fetten und das Obstpüree hineinstreichen. Eiweiß mit Zucker und Salz steif schlagen, über das Püree geben und in der vorgewärmten Backröhre bei Mittelhitze so lange backen, bis der Eierschnee goldgelb ist (15–20 Minuten).

Birne à la Segovia

Für 6 Personen

6	größere Birnen
60 g	Zucker
1 l	süßer feiner Rotwein
	Zitronenschale
¼	Vanillestange

Zum Weinchaudeau:

4	Eigelb
120 g	Zucker
1/10 l	trockener Dessertrotwein (Marsala)
	(Zubereitung s. S. 61)

Birnen waschen, schälen, in einen mittelgroßen Topf tun, Zucker darüberstreuen, Vanillestange und schließlich den Wein dazugeben und auf kleiner Flamme 35 Minuten kochen. Im eigenen Saft

Obstsalat im Melonenkelch

erkalten lassen. Die Birnen auf einer Platte anordnen und in den Kühlschrank stellen. Einen Chaudeau zubereiten, lauwarm über die Birnen gießen und in den Kühlschrank zurückstellen. Den Saft, in dem die Birnen gekocht wurden, ebenfalls in den Kühlschrank stellen und im Glaskrug zu den Birnen reichen.

Birnen à la Venedig

Für 6 Personen

9	größere Butterbirnen
200 g	Zucker
1/5 l	Wasser
½	Zitrone

Erst das Speiseeis (Sorbett) zubereiten:
3 Birnen waschen, schälen, vierteln, Kernhaus entfernen und mit Zucker und Wasser mixen. Auf herkömmliche Weise (s. S. 61) im Kühlfach gefrieren lassen. Inzwischen die restlichen Birnen ebenfalls waschen, schälen und im mit etwas Zitronensaft abgeschmeckten Wasser 10 Minuten kochen. Im eigenen Saft erkalten lassen. Bis das Eis fertig ist, die Birnen ebenfalls in den Kühlschrank stellen, in dem auch 6 Becher vorgekühlt werden. Ist das Eis fertig, rasch die Birnen überziehen und sofort servieren. Das restliche Eis neben den Birnen angeordnet reichen.

Birne à la Schöne Helene

Für 6 Personen

6	große Alexanderbirnen
1	Zitrone
30 g	Zucker
1 Prise	Zimt
3–4	Nelken

Zum Guß:

200 g	Blockschokolade
3 Eßl.	Milch oder süße Sahne
50 g	Zucker
1/10 l	süße Sahne

Birnen waschen, schälen (dabei den Stiel nicht entfernen) und mit Zitronensaft einreiben. In einem größeren Topf, in dem die Birnen nebeneinander Platz haben, Wasser aufkochen, den restlichen Zitronensaft, Zucker, Zimt und Nelken hineingeben. Zum Schluß vorsichtig die Birnen in die Flüssigkeit legen und weich kochen. Der Sirup muß die Birnen bedecken! Im eigenen Saft

erkalten lassen, mit einem Schaumlöffel herausnehmen und in kleinem Abstand nebeneinander auf eine Platte legen. Bis zum Servieren kalt stellen.
Kurz vor dem Servieren den Schokoladenguß zubereiten: Die Schokolade in einen kleinen Topf bröckeln, warme Milch oder süße Sahne und Zucker dazugeben, über Dampf glattrühren. Über die kalten Birnen tropfen – aber nicht ganz bedecken, da es appetitlicher aussieht, wenn von den Birnen noch etwas zu sehen ist – und sofort servieren. Den Rand der Glasplatte evtl. mit Schlagsahnerosetten garnieren.
Abwandlung:
Statt Schokoladenguß kann auch Schokoladenpudding verwendet werden. In diesem Fall aus einem Viertel des Puddings eine Unterlage bereiten, die Birnen darin anrichten und das ganze mit Pudding überziehen. Falls Pudding übrigbleibt, neben die Birnen gießen. Wenigstens 1–2 Stunden kalt stellen und mit Schlagsahne garnieren.

Diese Abwandlung ist insofern einfacher, da sie bereits im voraus zubereitet werden kann, während erstere infolge der Wirkung von kalt und heiß feiner schmeckt.

Gebackene Schokobirnen

Für 4 Personen	
8	mittelgroße Birnen
80 g	Zucker
Zur Creme:	
1	Eigelb
40 g	Zucker
40 g	Mehl
¼ l	Milch
30 g	Kakao

Eigelb und Zucker schaumig rühren, nach und nach Mehl und löffelweise Milch hinzugeben und zu einer glatten Masse verarbeiten. Bei schwacher Hitze unter ständigem Rühren eindicken, jedoch nicht kochen, da das Ei sonst gerinnt. Dann Kakao hineinrühren und erkalten lassen. Inzwischen die gewaschenen, geschälten Birnen nebeneinander in einen mittelgroßen Topf legen und so viel Wasser dazugießen, daß sie bedeckt sind, vom Aufkochen gerechnet 10 Minuten kochen. Vorsichtig herausnehmen, in einem Sieb abtropfen lassen und in einer feuerfesten Schüssel anordnen, in der die Birnen serviert werden. Das Obst mit Schokoladencreme überziehen und in der vorgewärmten Backröhre bei Mittelhitze 20 Minuten backen. Inzwischen aus 80 g Zucker und einigen Tropfen Wasser eine Karamelglasur zubereiten, die auf die gebackenen Birnen getropft wird. Die Schokobirnen kurz vor dem Servieren in den Kühlschrank stellen.

Pflaumentorte

Für 6–8 Personen

Zum Teig:

250 g	Mehl
2	Eigelb
125 g	Butter oder Margarine
125 g	Zucker
	Salz

Zur Füllung:

600–700 g	reife Pflaumen
2 Eßl.	Pflaumenmarmelade
1/10 l	Rum oder Brandy
	Butter, Mehl
1	Ei

Aus den Zutaten einen Mürbeteig bereiten (s. S. 59). Pflaumen waschen, abtrocknen, halbieren und entsteinen. Eine flache Tortenform fetten und bemehlen, mit dem ausgerollten Teig belegen und mit Pflaumenmarmelade bestreichen. Dann die Pflaumen mit der Öffnung nach unten anordnen. Mit Rum oder Brandy bespritzen. Aus dem restlichen Teig eine Rolle drehen, als Rand auf den Teigboden legen, andrücken und dünn mit dem aufgeschlagenen Ei bestreichen. In der vorgewärmten Backröhre bei Mittelhitze etwa eine halbe Stunde backen. Erkalten lassen, mit Hilfe zweier Fleischheber aus der Form nehmen und in Scheiben schneiden.

Abwandlung:
Die Hälfte der Pflaumen durch geschälte Pfirsiche oder Äpfel ersetzen.

Gefüllte Pflaumen mit Schokoraspeln

Für 6 Personen

800 g	Pflaumen (auch gefrorene oder Kompott)
200 g	abgezogene Mandeln
100 g	Blockschokolade
50 g	Puderzucker

Zum Eierkuchenteig:

200 g	Mehl
20 g	Zucker
2	Eier
1/4 l	Milch
	Salz
	Öl zum Ausbacken

Pflaumen entsteinen, halbieren, in die Mitte je eine Mandel geben und die Pflaumenhälften gut zusammendrücken. Aus den Zutaten einen dicken Eierkuchenteig zubereiten, einzeln die Pflaumen hineintauchen und in reichlich heißem Öl ausbakken. Geriebene Schokolade mit Puderzucker vermischen und die noch warmen Pflaumen darin wälzen. In Papierförmchen servieren.

Pflaumenkuchen

Für 4–6 Personen

5	Eier
200 g	Puderzucker
200 g	Butter oder Margarine
200 g	Mehl
3 Eßl.	Rum
1	Päckchen Vanillezucker (20 g)
500 g	Pflaumen
	Zimt-Puderzucker

Butter und Zucker schaumig rühren, einzeln Eigelb und abwechselnd langsam Mehl und steifgeschlagenes Eiweiß und zum Schluß Vanillezucker und Rum dazugeben. Den Teig auf ein gebuttertes, bemehltes Backblech streichen und mit den entsteinten halbierten Pflaumen belegen. In der vorgewärmten Backröhre bei Mittelhitze goldgelb

Birne à la Schöne Helene

backen. Nach dem Erkalten in Rechtecke schneiden und mit Zimt-Puderzucker bestäuben.
Anmerkung:
Mit obigem Teig können die verschiedensten Obstkuchen aus frischen Äpfeln, Aprikosen, Pfirsichen, Kirschen, Sauerkirschen usw., aber auch aus Kompott und gefrorenem Obst gebacken werden.

Pflaumen-Apfel-Torte mit Anis

Für 6 Personen

500 g	Mehl
100 g	Butter oder Margarine
100 g	Zucker
1	gestrichener Mokkal. Natron
1/5 l	Milch
3 Eßl.	Rum
1	gestrichener Mokkal. Aniskörner
600 g	Äpfel
200 g	Trockenpflaumen
	Salz

Mehl in eine tiefe Schüssel sieben, Zucker, zerlassene Butter oder Margarine, eine Prise Salz, Natron, Aniskörner, Milch und Rum dazugeben und alles zu einem Teig verarbeiten. Äpfel waschen, schälen, Kernhaus entfernen und in kleine Würfel schneiden. Die am Vorabend eingeweichten Pflaumen entkernen, zerkleinern und mit den Äpfeln in die Masse rühren. Eine runde Tortenform buttern und bemehlen, den Teig hineingeben und in der vorgewärmten Backröhre etwa 1 Stunde bei Mittelhitze backen. Kalt servieren.

Weintrauben-Cocktail

Für 6 Personen

1 kg	Weintrauben (halb und halb helle und dunkle)
2	Zitronen
125 g	Zucker
100 g	abgezogene Mandeln
1/2 l	süße Sahne
1	Päckchen Vanillezucker (20 g)

Weintrauben waschen und helle und dunkle gemischt in eine tiefe Glasschüssel oder in Kelche geben, mit grobgehackten Mandeln bestreuen und mit Zucker und Zitronensaft abschmecken. Bis zum Servieren in den Kühlschrank stellen. Die mit Vanillezucker steifgeschlagene Sahne obenauf geben.

Weintrauben in Karamel

Für 4 Personen

200 g	helle Weintrauben
200 g	dunkle Weintrauben
200 g	Zucker
1/10 l	Rum

Weintrauben waschen und in ein Geschirrtuch gewickelt trocknen. Zucker unter Zugabe von Rum in einem kleinen Topf unter ständigem Rühren hellbraun rösten. Vorher jedoch in jede Traube an die Stelle des Stiels einen Zahnstocher stechen. Eine Schüssel mit kaltem Wasser bereitstellen. Die Trauben einzeln in den kochenden Karamelsirup tauchen und sofort ins kalte Wasser werfen. Ein Gefäß mit gewaschenen Weinblättern auslegen und die karamelisierten Weintrauben darin servieren.

Weintrauben in Karamel

Pflaumenkuchen

SÜSSIGKEITEN AUS OBST

Weintraubenkuchen

Für 6–8 Personen

400 g	Mehl
200 g	Butter oder Margarine
220 g	Puderzucker
3 EBl.	saure Sahne
2	Eier
	Salz
½	Zitrone
1 kg	süße Weintrauben
100 g	Nüsse
100 g	Semmelmehl
2–3 EBl.	Rum

Mehl mit Butter zerkrümeln, 120 g Zucker, die Eier, eine Prise Salz, abgeriebene Zitronenschale und saure Sahne dazugeben und zu einem geschmeidigen Teig verarbeiten. Daraus zwei Ballen formen und eine halbe Stunde kalt stellen. Inzwischen die Trauben waschen, abtropfen lassen, mit 50 g Puderzucker und Rum vermischen. Die gemahlenen Nüsse mit dem restlichen Puderzucker und Semmelmehl verrühren.

Den einen Ballen dünn ausrollen, ein gefettetes, bemehltes Blech damit belegen und mit der Hälfte der Nußmischung bestreuen, Trauben darauflegen und obenauf die restliche Nußmischung streuen. Jetzt den anderen Ballen ausrollen und damit die Weintrauben bedecken. Die Seiten gut an den Boden drücken, die Oberfläche mit dem aufgeschlagenen Ei bestreichen, mit einer Gabel mehrmals einstechen und 30–40 Minuten in der vorgewärmten Backröhre bei Mittelhitze goldgelb backen. Erkalten lassen, in Stücke schneiden und nach Bedarf mit Puderzucker bestäuben.

Apfelkuchen

Für 6 Personen

500 g	Äpfel
40 g	Puderzucker
2	Zitronen
	Zimt-Puderzucker
4	Eier
100 g	Butter oder Margarine
150 g	Zucker
300 g	Mehl
	Salz

Äpfel waschen, schälen, in Spalten schneiden und mit wenig Zitronensaft beträufeln. Butter und Zucker schaumig rühren, Eier, Mehl, eine Prise Salz und etwas abgeriebene Zitronenschale dazugeben und gut verarbeiten. Backblech fetten, die Apfelspalten darauflegen, mit Zimt-Puderzucker und abgeriebener Zitronenschale bestreuen und den Teig darübergießen. In der vorgewärmten Backröhre etwa 35 Minuten bei Mittelhitze goldgelb backen. Den Kuchen auf dem Blech erkalten lassen, in Stücke schneiden und mit Zimt-Puderzucker bestreuen.

Anmerkung:
Kann auch aus frischen Birnen, Pfirsichen, Aprikosen, Weintrauben bzw. aus Kompott oder gefrorenem Obst zubereitet werden; dann aber das Obst gut abtropfen lassen.

Reiskranz mit Weintrauben

Für 6–8 Personen

1 l	Milch
200 g	Reis
	Salz
1	Päckchen Vanillezucker (20 g)
50 g	Rosinen
	etwas Rum
50 g	abgezogene, geröstete Mandeln
3	Eier
1	nußgroßes Stück Butter
2	große blaue Weintrauben (ca. 900 g)
100 g	Zucker
	Semmelmehl

Milchreis kochen, erkalten lassen, Vanillezucker, zerlassene Butter, grobgehackte Mandeln, die vorher in Rum eingeweichten, abgetropften Rosinen sowie die Eier dazugeben. In eine gefettete, mit Semmelmehl bestreute Kranzkuchenform streichen und in der Backröhre im Wasserbad bei Mittelhitze etwa 40 Minuten backen. Inzwischen die Hälfte der gewaschenen Weintrauben auspressen, den Saft durchseihen und mit dem Zucker auf kleiner Flamme 10 Minuten kochen. Vom Feuer nehmen und mit wenig Rum vermischt warm halten.

Den garen Reiskranz aus der Backröhre nehmen, 4–5 Minuten stehen lassen, damit er nicht auseinanderfällt, dann vorsichtig auf eine Platte stürzen und die verbliebenen Trauben in die Mitte und um den Kranz herum anrichten und mit dem warmen Sirup begießen. Lauwarm oder kalt servieren.

Reiskranz mit Weintrauben

SÜSSIGKEITEN AUS OBST

Apfelkuchen
(Apple-pie)

Für 6–8 Personen

400 g	Mürbeteig
4	Äpfel (Starking oder Cox Orangenrenette)
30 g	Zimt-Puderzucker
1	Zitrone
1	Ei
	Butter
	Mehl

Mürbeteig zubereiten (s. S. 59). Äpfel schälen, in dünne Spalten schneiden und mit Zitronensaft beträufeln, damit sie nicht braun werden. Aus dem ausgerollten Teig eine größere und eine kleinere Scheibe schneiden, mit der größeren eine gefettete und bemehlte Tortenform auslegen. Der Teig soll dabei etwas über den Rand hängen. Die Apfelspalten symmetrisch darauflegen, mit Zimt-Puderzucker bestreuen und mit der zweiten Teigscheibe bedecken. Den Rand der größeren Scheibe über die kleinere zurückschlagen, gut zusammendrücken. Die Oberfläche mit der Gabel mehrmals einstechen, mit dem aufgeschlagenen Ei bestreichen und in der vorgewärmten Backröhre etwa eine halbe Stunde goldgelb backen. Kurz darauf die Tortenform abheben. Lauwarm oder kalt servieren.

Apfeltaschen

Für 4–6 Personen

400 g	Mürbeteig
2	saure Äpfel
30 g	Quittenkäse
3–4	Nuß- oder Mandelbaisers
20 g	abgezogene Mandeln
30 g	Rosinen
	Rum, Butter
20 g	Kakao
1	Ei
1 EßI.	Aprikosenmarmelade

Einen Mürbeteig zubereiten (s. S. 59). Rosinen in Rum einweichen. Baisers in einer Schüssel zerbröckeln. Kakao, abgetropfte Rosinen, grobgehackte Mandeln, geschälte und gewürfelte Äpfel dazugeben. Danach den zerkleinerten Quittenkäse und die Aprikosenmarmelade, alles verrühren und 10–15 Minuten ruhen lassen. Den Teig auf einem bemehlten Nudelbrett 3–4 mm dick ausrollen und in gleich große Quadrate schneiden. Auf die Mitte jedes Teigstückes einen Teelöffel Masse geben, die Ecken darüberschlagen, Ränder zusammendrücken. Auf ein gebuttertes Blech geben und mit dem verquirlten Ei bestreichen. In der vorgewärmten Backröhre bei Mittelhitze etwa 20 Minuten goldgelb backen.

Apfelkuchen
einmal anders

Für 6 Personen

300 g	Mürbeteig
2	Äpfel (Goldparmänen)
4–5 EßI.	Aprikosenmarmelade
½	Zitrone
8–10	Sauerkirschen

Mürbeteig zubereiten (s. S. 59), ½ cm dick ausrollen und damit eine gefettete und bemehlte Tortenform auslegen. Die gewaschenen, geschälten und in Spalten geschnittenen Äpfel schuppenförmig auf den Teig legen. Marmelade mit Zitronensaft verdünnen und die Apfelspalten reichlich bestreichen. In der vorgewärmten Backröhre bei Mittelhitze etwa 35–40 Minuten goldgelb backen. Mit Sauerkirschen und evtl. halben Nüssen servieren.

Gedeckte Apfeltorte

Für 4–6 Personen

2	Äpfel
250 g	Mehl
3	Eier
20 g	Hefe
¹⁄₁₀ l	Milch
1	Würfelzucker
1	Zitrone
150 g	Zucker
	Butter

Äpfel waschen, schälen, Kerngehäuse entfernen, in Stücke schneiden und mit Zitronensaft beträufeln. In einer tiefen Schüssel Eigelb und Zucker schaumig rühren, Mehl, eine Prise Salz, etwas abgeriebene Zitronenschale und die in lauwarmer

Apfelkuchen einmal anders

SÜSSIGKEITEN AUS OBST

Milch, in die der Würfelzucker gegeben wurde, aufgegangene Hefe hineinrühren und zu einem Teig verarbeiten. In einer gefetteten und mit Zucker bestreuten Tortenform die mit Zitronensaft begossenen Apfelscheiben schuppenförmig anordnen, den Teig darübergießen und die Torte in der vorgewärmten Backröhre bei Mittelhitze 35–40 Minuten backen (die Backröhrentür eine halbe Stunde nicht öffnen, da die Torte sonst zusammenfällt). In der Form erkalten lassen, auf eine Platte stürzen und aufschneiden.

Apfel im Schlafrock

Für 4 Personen

200 g	tiefgekühlter Blätterteig
4	große Jonathan-Äpfel
100 g	kandierte Früchte
30 g	Rosinen
1/10 l	Rum
1	Ei
20 g	Zucker
	Mehl

Den Blätterteig auftauen lassen, auf einem bemehlten Nudelbrett ausrollen und in vier gleich große Quadrate schneiden. Rosinen und feingeschnittene kandierte Früchte in Rum einweichen (mindestens 1 Stunde). Äpfel waschen, abtrocknen und Kerngehäuse ausstechen. Die gut abgetropften Rosinen und kandierten Früchte zuckern und die Äpfel füllen. In die Mitte eines jeden Quadrats einen Apfel stellen, den Rand mit etwas Wasser bestreichen. Dann die Ecken über die Äpfel schlagen, gut zusammendrücken, auf ein Backblech geben und mit Eigelb bestreichen. In der vorgewärmten Backröhre bei Mittelhitze etwa 30 Minuten goldgelb backen.

Apfel im Schlafrock

AUS ÄPFELN

Großmutters Apfeltorte

Für 8 Personen

4	Eier
1	Eigelb
	Butter (die gleiche Gewichtsmenge)
	Zucker (die gleiche Gewichtsmenge)
	Mehl (die gleiche Gewichtsmenge)
	Salz
2	Äpfel
	Zimt
	Zitronenschale

Butter und Zucker schaumig rühren, einzeln die Eier dazugeben, dann Mehl, Salz, 1 Messerspitze Zimt, 1 Messerspitze abgeriebene Zitronenschale gut verarbeiten. Äpfel schälen, Kerngehäuse entfernen, würfeln und an die Masse geben. Zum Schluß den steifen Eierschnee unterziehen. Die Masse in eine gebutterte, bemehlte Tortenform geben und in der vorgewärmten Backröhre bei Mittelhitze 35–40 Minuten goldgelb backen. Nach Belieben mit Puderzucker bestäuben.

Apfelgelee

Für 4–6 Personen

1 kg	säuerliche Äpfel
500 g	Zucker
1	Zitrone

Äpfel waschen, vierteilen, das Kerngehäuse entfernen, mit Zitronensaft beträufeln und mit ganz wenig Wasser so lange kochen, bis sie völlig zerfallen und die Flüssigkeit fast verkocht ist. Noch

Großmutters Apfeltorte

SÜSSIGKEITEN AUS OBST

warm durchpassieren, zuckern und unter häufigem Rühren zum Kochen bringen. Den sich bildenden Schaum mit dem Schaumlöffel oder einem angefeuchteten Pinsel entfernen, da das Gelee sonst trüb wird. So lange kochen, bis es auf einen kleinen Teller getropft sofort erstarrt. Apfelgelee in Kelche füllen und kalt stellen. Mit Waffeln oder Löffelbiskuit servieren.

Will man das Gelee nicht sofort verbrauchen, dann in eine mit Wasser ausgespülte Rehrückenform gießen, gefrieren lassen, in mehrere Portionen schneiden und in Folie gepackt im Kühlschrank lagern.

Das Gelee eignet sich vorzüglich mit Milchreis oder Grießbrei verrührt und ist besonders bei Kindern beliebt.

Apfel-Reis-Charlotte

Für 6–8 Personen

800 g	Äpfel (Cox Orangenrenette)
200 g	Reis
120 g	Zucker
100 g	Butter
½ l	Milch
4	Eigelb
4 EBl.	Aprikosenmarmelade
1	Päckchen Vanillezucker (20 g)
	Salz

Abweichend von der klassischen kalten Charlotte bilden nicht Löffelbiskuits oder Milchbrotscheiben den Mantel, sondern Reis. Reis waschen, in einer feuerfesten Schüssel mit der mit ⅒ l Wasser verdünnten Milch übergießen, 70 g Zucker und 30 g Butter dazugeben, verrühren und zugedeckt in der heißen Backröhre ca. 30 Minuten backen. Die Backröhrentür darf zwischendurch nicht geöffnet werden! Ist der Reis lauwarm, einzeln das Eigelb hineinrühren. Eine Charlotte-Form oder einen kleineren hohen Topf fetten, mit einem Tortenheber die Seiten und den Boden mit Reis bestreichen und die Apfelfüllung hineingeben.
Zur Füllung: Die Äpfel schälen, in dünne Scheiben schneiden, mit 50 g Butter, 50 g Zucker, Vanillezucker und wenig Wasser so lange dünsten, bis ein Püree entsteht. Aprikosenmarmelade dazugeben, verrühren und in den Reismantel füllen. Mit dem restlichen Reis bedecken und 30 Minuten in die vorgewärmte Backröhre zurückstellen, goldgelb backen. Etwa 10 Minuten auskühlen lassen und auf eine Platte stürzen.

Turiner Apfeltorte

Für 6–8 Personen

1 kg	Äpfel
200 g	Zucker
100 g	Blockschokolade
4	Eier
50 g	geriebener Parmesankäse (oder ähnlicher Käse)
300 g	Nuß- oder Mandelbaisers
⅒ l	Rum
20 g	Kakao
½	Zitrone
	Salz
	Butter

Die geschälten, in Scheiben geschnittenen Äpfel mit Zitronensaft und wenig Wasser beträufeln und mit Zucker bestreuen. Auf kleiner Flamme zu Püree kochen und noch warm durch ein Sieb in eine Schüssel streichen, die Baisers hineinbröckeln, geriebenen Käse, geraspelte Schokolade, Kakao, abgeriebene Zitronenschale und Salz dazugeben. Unter ständigem Rühren einzeln die Eier, Rum oder Brandy beifügen. Die Masse in eine gefettete Tortenform oder feuerfeste Schüssel gießen und in der vorgewärmten Backröhre bei schwacher Hitze etwa 2 Stunden backen. Erkalten lassen und wie eine Torte aufschneiden.

Gefüllte Bratäpfel

Für 6 Personen

6	große mürbe Äpfel (Goldparmänen)
50 g	Zucker
½	Zitrone
	Zimt
4–5	Nelken
Zur Füllung:	
100 g	Nüsse
100 g	pikante Marmelade (Johannisbeer-, Blaubeermarmelade usw.)
50 g	Honig
	Zimt-Puderzucker

Etwa 1 l Wasser mit den Nelken, einer Messerspitze Zimt und dem Zitronensaft zum Kochen bringen. Darin die geschälten und vom Kerngehäuse befreiten Äpfel fast weich kochen (etwa 10 Minuten). Im Saft erkalten und abtropfen lassen.

AUS ÄPFELN

Inzwischen die Füllung zubereiten: Nüsse grob hacken, mit Marmelade und Honig verrühren und die Masse in die Äpfel füllen. Diese auf ein gebuttertes Backblech oder in eine feuerfeste Schüssel geben und braten. Noch warm mit Zimt-Puderzucker bestreuen und sofort servieren.

Apfelauflauf mit Schneedecke

Für 6 Personen

125 g	Zucker
50 g	abgezogene Mandeln
40 g	Butter
6	Äpfel (Cox Orangenrenette)
3	Eiweiß
1	Päckchen Vanillezucker (20 g)
1/10 l	Orangenlikör (Curaçao, Cointreau)
2 Eßl.	Aprikosen- oder Pfirsichmarmelade
1/2	Zitrone, Semmelmehl

Äpfel schälen, Kerngehäuse ausstechen, in Streifen schneiden und mit etwas Zitronensaft beträufeln. In einem größeren Topf mit Likör, 70 g Zucker, 25 g Butter und Vanillezucker zugedeckt auf kleiner Flamme halb gar dünsten. Die Apfelstreifen müssen ganz bleiben. Noch warm mit grobgehackten Mandeln bestreuen und vorsichtig Marmelade hineinrühren. In eine gebutterte, mit Semmelmehl bestreute feuerfeste Schüssel – in der der Auflauf später serviert wird – geben und mit dem steifgeschlagenen, mit dem restlichen Zucker gesüßten Eiweiß überziehen. In vorgewärmter Backröhre bei Mittelhitze so lange backen, bis der Eierschnee goldgelb ist. Lauwarm servieren.

Gefüllte Bratäpfel

SÜSSIGKEITEN AUS OBST

Quittenkuchen

Für 6–8 Personen

80 g	Butter
200 g	Mehl
180 g	Zucker
2	Eier
1	Backpulver (20 g)
1/10 l	Milch
	Salz
800 g	Quitten
1/2	Zitrone
3–4	Nelken
1	Stückchen Stangenzimt
50 g	abgezogene Mandeln oder Nüsse

Quitten schälen, Kerngehäuse entfernen und in Streifen schneiden, in einem Sirup aus 10 Eßlöffel Wasser, 80 g Zucker, Nelken, Zimt und Zitronenschale weich – aber nicht zu Brei! – kochen. Auf einem Sieb gut abtropfen lassen. Butter und 100 g Zucker schaumig rühren, einzeln Eier, Mehl, Backpulver, eine Prise Salz und langsam die Milch dazugeben, damit eine dicke Masse entsteht. Eine Kastenform fetten, bemehlen und die Hälfte der Masse hineinstreichen, Quittenstreifen darauflegen, mit dem restlichen Teig bedecken und mit grobgehackten Mandeln bestreuen. In der vorgewärmten Backröhre bei Mittelhitze etwa 35–40 Minuten goldgelb backen. Mit Nadelprobe kontrollieren, ob der Kuchen durchgebacken ist. In fingerdicke Scheiben geschnitten kalt servieren, nach Belieben mit Puderzucker bestäuben.

Ananascreme (Bavarois)

Für 6 Personen

1	frische Ananas oder 400 g Dosenananas
	Zur Vanillecreme:
4	Eigelb
100 g	Zucker
1/4 l	Milch
1/2 l	süße Sahne
	etwas Vanille
	etwas Cognac

Ananas schälen, in kleine Würfel schneiden und den Saft beiseite stellen. Bei Dosenobst den Saft bis auf 1/10 l einkochen. Die Creme wie bei Vanillecreme (Bavarois) beschrieben zubereiten (s. S. 60). Doch bevor die steifgeschlagene Sahne hinzukommt, den Ananassaft und die Ananaswürfel in die Creme rühren. In eine größere Puddingform gießen, gut kühlen und kurz vor dem Servieren auf eine Glas- oder Porzellanplatte stürzen und mit einigen Ananaswürfeln garnieren.

Ananas-Reis-Torte

Für 6 Personen

1/2 l	Milch
120 g	Reis
80 g	Schmelzkäse
50 g	Zucker
50 g	Aprikosenmarmelade
50 g	Butter
20 g	Nuß- oder Mandelbaisers
4	Ananasringe aus der Dose
1	Ei
1	Eigelb
1	Päckchen Vanillezucker (20 g)
	Salz

Milch, Vanillezucker und eine Prise Salz aufkochen, den gewaschenen Reis hineingeben und auf kleiner Flamme unter häufigem Rühren so lange kochen, bis der Reis fast die ganze Milch aufgesogen hat. Vom Feuer nehmen, 30 g Butter, Zucker, die zerbröckelten Baisers, Schmelzkäse, Aprikosenmarmelade, Ei und Eigelb dazugeben. Zwischendurch stets kräftig durchrühren. Tortenform fetten und den Boden mit gefettetem Pergamentpapier auslegen, die Masse hineingießen, glattstreichen, in die Mitte eine Ananasscheibe legen und die halbierten Ananasscheiben ringsum kreisförmig anrichten. In der vorgewärmten Backröhre etwa 40 Minuten bei Mittelhitze goldgelb backen. In der Form lauwarm abkühlen lassen. Wie eine Torte mit der Oberfläche nach oben auf eine Platte geben. Kalt servieren.

Verschiedene Ananassalate:

**Jeweils für 6 Personen
à la Creol**

500 g	Dosenananas
250 g	frische oder gefrorene Erdbeeren
20–30 g	Zucker
3 Eßl.	Kirschbranntwein

AUS SÜDFRÜCHTEN

Die abgetropften Ananas in Würfel schneiden, die Erdbeeren halbieren oder vierteilen und nach Belieben mit Zucker bestreuen. Dann mit den Ananaswürfeln vermischen, mit Kirschbranntwein übergießen und gut gekühlt servieren.

à la Krim

500 g	Dosenananas
2	Bananen
1/2	Zitrone
3/10 l	trockener Sekt
3 Eßl.	Wodka

Die abgetropften Ananas würfeln, mit den in Scheiben geschnittenen Bananen vermengen, mit Zitronensaft, Wodka und Sekt übergießen. Alles vermischen und mehrere Stunden in den Kühlschrank stellen, damit der Salat gut durchzieht. Eiskalt servieren.

à la Kuba

500 g	Dosenananas
1/10 l	weißer Kuba-Rum (Bacardi)
1 Mokkal.	bitterer Likör (Magenbitter usw.)

Die abgetropften Ananas würfeln, mit Rum begießen und mit Likör besprützen. Alles gründlich vermischen und gut gekühlt servieren.

Ananas mit Kirschcreme

Für 6–8 Personen

1 kg	Dosenananas
8–10	süße Kekse
10 Ecken	fetter Schmelzkäse (Petit-Suisse)
4–5 Eßl.	Kirschmarmelade
6–8	Rumkirschen
3 Eßl.	Brandy
1/10 l	süße Sahne

Die Ananas abtropfen lassen, Saft und 3–5 Scheiben beiseite stellen, die anderen in Würfel schneiden. Käse in einer Schüssel mit dem Holzlöffel mit so viel Ananassaft schaumig rühren, bis eine geschmeidige Creme entsteht. Dann die Ananaswürfel dazugeben und gut verrühren. Die Creme in 6–8 Kelche verteilen, mit den zerbröckelten Keksen bestreuen und mit der mit Brandy verdünnten Kirschmarmelade begießen.
Mit Schlagsahnetupfen und Rumkirschen garnieren und kalt stellen. Kurz vor dem Servieren auf jeden Kelch eine halbe Ananasscheibe setzen.

Abwandlungen:
Die Kelche können mit hauchdünnen Apfelsinenscheiben ausgelegt werden.
Die Kekse können durch in Zucker geröstete und grobgehackte Mandeln oder kandierte Früchte ersetzt werden.

Feigen-Apfelsinen-Kokos-Salat

Für 6–8 Personen

750 g	Feigen
4	Apfelsinen
100 g	Kokosraspeln
20 g	Puderzucker

Reife, aber nicht zu weiche Feigen verwenden, waschen, abtrocknen – nicht schälen – und in Streifen schneiden. 3 Apfelsinen ebenfalls in Streifen schneiden. Die Schale der vierten Apfelsine abreiben, den Saft auspressen und durchseihen. Die Feigen in eine Glasschüssel geben, darauf die Apfelsinenstücke und alles mit Puderzucker und Apfelsinenschale bestreuen, mit Apfelsinensaft begießen. Zum Schluß Kokosraspeln darüberstreuen und bis zum Servieren in den Kühlschrank stellen.

Datteln im Schlafrock

Für 6–8 Personen

400 g	Mürbeteig
250 g	Datteln
150 g	Nüsse
40 g	Kakao
40 g	Zucker
20 g	Mehl
1/5 l	Milch

Mürbeteig zubereiten (s. S. 59). Datteln der Länge nach aufschneiden, an die Stelle des Kerns ein Stück Nuß legen und zusammendrücken. Den Teig ausrollen und in so große Rechtecke schneiden, daß die Datteln darin eingewickelt werden können. Die Ränder gründlich zusammendrücken. Auf einem gebutterten Blech nicht sehr nah zueinander anrichten und etwa 20 Minuten backen. Inzwischen Kakao, Zucker und Mehl vermischen, löffelweise Milch dazugeben und alles glattrühren. Auf kleiner Flamme unter ständigem Rühren aufkochen lassen. Ist der Teig halb ausgekühlt, in die Schokoladensoße tauchen und auf ein Sieb gelegt abtropfen lassen. Auf einer Glasplatte servieren.

SÜSSIGKEITEN AUS OBST

Ananastorte

Für 4–6 Personen

500 g	Dosenananas
1 EBl.	Aprikosenmarmelade
Zum Teig:	
250 g	Mehl
125 g	Butter oder Margarine
125 g	Zucker
2	Eigelb
	Salz
3 EBl.	Milch
Zur Creme:	
4	Eigelb
100 g	Zucker
30 g	Mehl
½ l	Milch
1	Päckchen Vanillezucker (20 g)
8–10	Weintrauben
	Butter

Mürbeteig zubereiten (s. S. 59), 2 cm dick ausrollen und damit eine gefettete und bemehlte flache Tortenform auslegen. Aus dem restlichen Teig eine Rolle drehen, als Rand auf den Tortenboden legen und festdrücken. Teig mit der Gabel mehrmals einstechen und in der vorgewärmten Backröhre bei Mittelhitze etwa ½ Stunde backen. Inzwischen die Vanillecreme zubereiten: 4 Eigelb mit Zucker und Vanillezucker schaumig rühren. Dann Mehl und löffelweise Milch dazugeben, glattrühren, auf kleiner Flamme andicken. Vom Feuer nehmen und erkalten lassen. Den fertigen Teig auf einem Gitter erkalten lassen und auf eine Tortenplatte geben, die Hälfte der Creme daraufgeben, die gut abgetropften Ananas darüberhäufen, nun folgt wieder Creme und zum Schluß in der Mitte eine Ananasscheibe und kreisförmig die

Ananastorte

AUS SÜDFRÜCHTEN

halbierten Ananasscheiben. Aprikosenmarmelade mit wenig lauwarmem Wasser verdünnen, damit die Torte besprenkeln. Mit Weintrauben garnieren.

Abwandlungen:

Statt Vanillecreme kann sämig gekochte Brandy-Soße verwendet werden.

Ananas kann durch Aprikosen- oder Pfirsichkompott ersetzt werden, die Oberfläche mit Johannisbeergelee überziehen.

Dattel-Leckerbissen

Für 6–8 Personen

8	Eiweiß
	Salz
200 g	Puderzucker
50 g	geraspelte Blockschokolade
110 g	gemahlene Haselnüsse
110 g	gemahlene Nüsse oder Mandeln
40	Datteln
	Butter
Zur Glasur:	
120 g	Schokolade
50 g	Butter oder Margarine

Eiweiß mit einer Prise Salz steif schlagen. Puderzucker, Schokolade, Haselnüsse, Nüsse und die entkernten, abgeschälten und zerhackten Datteln dazugeben. Ein Backblech mit gefettetem Butterbrotpapier oder Folie auslegen, die Masse daraufstreichen und in der vorgewärmten Backröhre bei kleiner Hitze 45–50 Minuten trocknen lassen. Die Oberfläche mit der Schokoladenglasur überziehen: Schokolade und Butter und 3 Eßlöffel heißes Wasser im Wasserbad zu einer dicken Creme kochen. Die Masse über den Kuchen streichen und für einige Minuten zurück in die Backröhre stellen. (Zucker darf der Glasur nicht zugegeben werden, da sie sonst ihren Glanz verliert.) Erkaltet in lange Streifen geschnitten servieren.

Honig-Rosinen-Bananen

Pro Person

1	Banane
1 Eßl.	eingeweichte Rosinen
1 Eßl.	Honig
1	nußgroßes Stück Butter
	Zitronensaft

Die Banane längs und quer halbieren, mit Butter, Honig, einigen Tropfen Zitronensaft und Rosinen in eine Pfanne geben. Auf kleiner Flamme von beiden Seiten goldgelb braten, vorsichtig wenden, damit die Stücke nicht zerbrechen. Sofort servieren. Schmeckt auch kalt vorzüglich.

Gebratene Bananen auf chinesische Art

Für 6 Personen

3–4	Bananen
100 g	Mehl
1	Ei
150 g	Zucker
	Salz
	Backöl

Mehl, Ei, Salz und so viel Wasser verrühren, daß eine cremeartige Masse entsteht. Die Bananen schälen, in 3–4 cm dicke Scheiben schneiden, in der Masse wälzen und in reichlich heißem Öl backen. Auf Saugpapier abtropfen lassen. In einen kleinen Topf 4 Eßlöffel Backöl, Zucker und 5 Eßlöffel Wasser geben. Auf großer Flamme, unter ständigem Rühren 5–6 Minuten kochen. Die vorgebackenen Bananenstücke darin karamelartig backen. Inzwischen eine Schüssel mit Eiswasser vorbereiten, die aus dem Karamel genommenen Bananenstücke kurz eintauchen, abtropfen lassen und sofort servieren.

Kalifornische Bananentorte

Für 6 Personen

600 g	Mehl
80 g	Butter oder Margarine
3	Eier
9 Eßl.	Milch
1	Würfelzucker
5–6	reife Bananen
60 g	abgezogene Mandeln
150 g	Puderzucker
20 g	Hefe
	Zimt
2–3	gestoßene Nelken
	Ingwer
	Salz

SÜSSIGKEITEN AUS OBST

60 g Butter mit 120 g Puderzucker in einer tiefen Schüssel schaumig rühren, nacheinander die Eier, löffelweise Mehl und lauwarme Milch, in der mit dem Würfelzucker die Hefe aufgegangen ist, 1 Prise Salz, 1 Messerspitze Zimt, Nelken und 1 Messerspitze Ingwer dazugeben. Gründlich verrühren, so daß man einen zähflüssigen Teig bekommt.

Eine Tortenform buttern, bemehlen und die Hälfte des Teiges hineingeben. Die Bananenscheiben darauflegen und mit grobgehackten Mandeln bestreuen. Den restlichen Teig daraufstreichen. In der vorgewärmten Backröhre bei Mittelhitze etwa 45 Minuten backen. Die Tür der Backröhre darf 30 Minuten lang nicht geöffnet werden! Die Torte in der Form erkalten lassen, auf eine Glasplatte geben und mit Puderzucker bestäuben.

Bananen-Ananas-Eierkuchen à la Hawaii

Für 8 Personen

	Zum Eierkuchen:
110 g	Mehl
20 g	Zucker
	Salz
2	Eier
2	Eigelb
³⁄₁₀ l	Milch
30–40 g	zerlassene Butter
1	Zitrone
	Zur Füllung:
220 g	Erdbeermarmelade
400 g	Ananas aus der Dose
4 Eßl.	Orangenlikör (Curaçao)
10	Mandeln
10–15	Erdbeeren oder Himbeeren (auch gefrorene)
100 g	Aprikosenmarmelade
	Rumchaudeau aus 3 Eiern (s. S. 61)
4	Bananen

Eierkuchenteig anders als üblich zubereiten: In das Mehl Zucker, Salz, abgeriebene Zitronenschale, Eier, zerlassene Butter, Saft einer ½ Zitrone und schließlich langsam die Milch hineingeben und glattrühren. Wenigstens 1 Stunde ruhen lassen. Dünne Eierkuchen backen und warm halten. Die Hälfte der Eierkuchen mit folgender Füllung füllen: Ananas abtropfen lassen, zerkleinern, mit Erdbeermarmelade, 3 Eßlöffel Orangenlikör, den grobgehackten abgezogenen Mandeln gut verrühren, die Eierkuchen füllen und mit dem auf die übliche Weise zubereiteten Rumchaudeau überziehen. Obenauf mit Erdbeeren oder Himbeeren garnieren.

Die Füllung für die andere Hälfte: Bananen schälen und längs halbieren. Aprikosenmarmelade mit dem restlichen Orangenlikör verdünnen, aufkochen und die Bananen für einige Minuten hineinlegen und vorsichtig heiß werden lassen. Die Eierkuchen damit füllen und mit der restlichen heißen Marmelade überziehen. Die unterschiedlich gefüllten Eierkuchen abwechselnd auf einer Platte heiß servieren.

Anmerkung:
Es ist zweckmäßig, zuerst die mit den Bananen gefüllten Eierkuchen zuzubereiten, die dann solange in der heißen, abgeschalteten Backröhre warm gehalten werden. Eine sehr sättigende Speise, pro Person mit je einem Eierkuchen rechnen.

Bananen-Trockenpflaumen-Salat

Für 4 Personen

2	Bananen
20–25	Trockenpflaumen
20–25	halbe Nüsse
	Zucker
	Zimt (nach Belieben)
3–4	Nelken

Trockenpflaumen einige Stunden in lauwarmem Wasser oder Tee einweichen. In dieser Flüssigkeit mit wenig Zucker, Zimt und Nelken weich kochen. Durchseihen, entkernen und in die Öffnung je eine halbe Nuß legen. Bananen schälen, in Scheiben schneiden und abwechselnd mit den Pflaumen in Kelche schichten. Mit dem Sirup der Trockenpflaumen übergießen und gut gekühlt servieren.

Kann auch mit Pflaumenbranntwein oder aromatischem Likör übergossen werden.

Bananen-Ananas-Eierkuchen à la Hawaii

SÜSSIGKEITEN AUS OBST

Kandierte Apfelsinenschale auf armenische Art

	Getrocknete Apfelsinenschale
	ebensoviel Zucker
¼	Vanillestange

Frische Apfelsinenschalen in Streifen schneiden, auffädeln und an einem warmen, trockenen Ort (z. B. über dem Heizkörper) aufbewahren. Die Streifen sind dann gut getrocknet, wenn die innere weiße Schicht vollkommen hart ist.
Dann Apfelsinenschalen abwiegen, ebenso viel Zucker mit wenig Wasser in einem Topf karamelisieren. Nach Bedarf etwas Vanille dazugeben. Die Apfelsinenschalen nacheinander in den heißen Karamel geben, wenden, mit einer Gabel oder Zange herausnehmen und auf einem angefeuchteten Brett oder einer Marmorplatte erkalten lassen. In einem luftdicht verschlossenen Glas aufbewahren. Vor dem Verbrauch mindestens 2 Wochen ruhen lassen. Zur Verfeinerung von Obstsalaten, Eiscremes und Torten verwendbar.

Gebackene Apfelsinencreme

Für 6 Personen

7 Eßl.	Milch
100 g	Zucker
80 g	Apfelsinenmarmelade oder -konfitüre
40 g	Mehl
8	Scheiben Milchbrot
2	Eier
2	Apfelsinen
	Salz
	Butter

Zur Garnierung:

4	schöne Scheiben Apfelsinen
2	kandierte grüne Nüsse oder Mandeln
2/10 l	Schlagsahne

Eine rechteckige feuerfeste Backform von 20–22 cm Höhe buttern und den Boden mit 4 Scheiben Milchbrot ohne Rinde bedecken. Eier und Zucker in einer tiefen Schüssel schaumig rühren, etwas abgeriebene Apfelsinenschale, eine Prise Salz, Mehl und Milch unter ständigem Rühren dazugeben. Die Hälfte auf die Milchbrotscheiben gießen, die in Streifen geschnittenen Apfelsinen darauflegen, dann folgen die anderen 4 Scheiben Milchbrot und die andere Hälfte der Flüssigkeit. Obenauf Butterflocken streuen. In der vorgewärmten Backröhre bei Mittelhitze etwa 40 Minuten goldgelb backen. Aus der Backröhre nehmen und noch heiß mit Apfelsinenmarmelade bestreichen. In der feuerfesten Form etwas auskühlen lassen, mit Schlagsahne, eventuell mit Apfelsinenscheiben und kleingeschnittenen kandierten Früchten garnieren und lauwarm servieren.

Griechische Apfelsinentorte

Für 6 Personen

1	Päckchen Vanillepudding
½ l	Milch
100 g	gezuckerte Apfelsinenschale
100 g	Rosinen
200 g	fertige Biskuittortenboden
1/10 l	Rum

Rosinen in lauwarmem Wasser waschen. Apfelsinenschale kleinschneiden und mit den Rosinen 1–2 Stunden in Rum einweichen.
Einen Pudding kochen. Den Tortenboden wie Brot in fingerdicke Scheiben schneiden. Eine längliche Pudding- oder Tortenform mit kaltem Wasser ausspülen, gleichmäßig dünn mit Pudding ausstreichen und den Boden mit den Biskuitscheiben bedecken. Es folgt wiederum eine Schicht Pudding – ca. die Hälfte Pudding wird verbraucht. Den restlichen Pudding, die in Rum eingeweichte Apfelsinenschale und Rosinen hineinrühren und die Masse in die Form streichen. Mit einer Schicht Biskuitscheiben abdecken. Ist die Torte völlig erkaltet, etwa 1 Stunde in den Kühlschrank stellen. Vor dem Servieren kurz in warmes Wasser tauchen, damit sich der Pudding leicht von der Form löst. Auf eine Glasplatte stürzen, mit Apfelsinenscheiben und gezuckerter Apfelsinenschale garnieren. Bis zum Servieren kalt stellen.
Ein besonderes, leichtes Dessert!

Griechische Apfelsinentorte

Apfelsinenrolle

Für 6 Personen

400–500 g	tiefgefrorener Blätterteig
250 g	Apfelsinenmarmelade
70 g	Zucker
50 g	Mehl
2	Eier
1	Apfelsine
¼ l	süße Sahne
4 EßI.	Orangenlikör (z. B. Grand Marnier)
	Puderzucker
	Öl
	Salz

Blätterteig auftauen lassen. Eier und Zucker in einer Glasschüssel schaumig rühren, dann Mehl, 1 Prise Salz, wenig abgeriebene Apfelsinenschale und vorsichtig die süße Sahne dazugeben und glattrühren. In einem kleinen Topf unter ständigem Rühren auf kleiner Flamme zum Aufkochen bringen, vom Feuer nehmen und noch warm 150 g Apfelsinenmarmelade sowie ein Likörgläschen Grand Marnier darin verrühren. Unter häufigem Umrühren erkalten lassen.

Den Teig auf einem bemehlten Nudelbrett etwa 35 × 20 cm groß ausrollen und mit der Creme bestreichen. Am Rand 2–3 cm frei lassen, sonst fließt die Füllung heraus. Die Teigplatte vorsichtig zusammenrollen und die Enden einschlagen. Die Cremerolle auf ein schwach geöltes Backblech legen, mit der restlichen Apfelsinenmarmelade bestreichen, die mit etwas Grand Marnier verdünnt wurde. In der vorgewärmten Backröhre bei Mittelhitze etwa 25 Minuten backen. Etwas oder ganz auskühlen lassen, obenauf mit Apfelsinenscheiben und eventuell etwas Puderzucker garnieren. Erst bei Tisch aufschneiden!

Apfelsineneis in der Apfelsine

Für 6 Personen

8	große, gelbe Apfelsinen
1	Zitrone
350 g	Puderzucker
60 g	Zitronat

Von 6 Apfelsinen an der Stielseite in möglichst gleicher Höhe einen Deckel abschneiden und mit einem Kartoffelkratzer oder einem kleinen Löffel das Fleisch vorsichtig herausheben, damit die Apfelsinen nicht verletzt werden. Nicht mit der weißen Schicht vermischen, sie schmeckt bitter!

Das Apfelsinenfleisch in eine tiefe Glasschüssel geben, die Kerne entfernen, mit einem Holzlöffel zerdrücken und abseihen. Die Schale der restlichen 2 Apfelsinen abreiben, beiseite stellen. Achtung, die weiße Schicht darf nicht mit abgerieben werden! Die Apfelsinen ausdrücken und den Saft an das Apfelsinenfleisch geben. Zucker in 1 l Wasser aufkochen und auf kleiner Flamme zu Sirup einkochen lassen, noch warm die abgeriebene Apfelsinenschale dazugeben. Erkalten lassen, den Apfelsinen- und Zitronensaft sowie das feingewiegte Zitronat dazugeben (letzteres kann man auch weglassen).

Die Masse in eine flache Form oder in die Eisschale des Kühlschrankes gießen und in das Gefrierfach stellen. Wichtig ist, daß eine möglichst große Fläche der Form unmittelbar mit der Platte des Gefrierfaches in Berührung kommt! Alle 20–30 Minuten mit einem Holzlöffel umrühren, damit sich keine Eiskristalle bilden. Masse gefriert in etwa 2–3 Stunden. Inzwischen aus den ausgehöhlten Apfelsinen die weiße Schicht entfernen, die Apfelsinen in den Kühlschrank stellen.

Kurz vor dem Servieren die Apfelsinen mit dem Eis füllen, auf eine Platte stellen und sofort servieren. Nach Belieben mit Schlagsahne, kandierten oder Rumkirschen verzieren. Dazu Waffeln oder Roletti reichen.

Apfelsinenauflauf mit Mandeln

Für 6 Personen

120 g	Reis- oder Kartoffelmehl
180 g	Zucker
3	Eier
4	Apfelsinen (möglichst Blutorangen)
150 g	abgezogene Mandeln
2–3 EßI.	Apfelsinenmarmelade
	Butter, Mehl
	etwas Orangenlikör (Curaçao)
10–15	Rumkirschen

3 Eigelb mit Zucker in einer Schüssel schaumig schlagen. Unter ständigem Rühren langsam Reismehl, grobgehackte Mandeln, den Saft von 3 Apfelsinen und die abgeriebene Schale 1 Apfelsine hinzugeben. Schließlich löffelweise den steifen Eierschnee unterziehen. Eine feuerfeste Form – eventuell eine Napfkuchenform – buttern, bemehlen und den Teig hineingießen. Den Boden der Form mehrfach gegen den Tisch schlagen, damit der Teig alle Lücken ausfüllt. In eine mit lauwarmem Wasser gefüllte Form stellen und in

AUS SÜDFRÜCHTEN

der Backröhre etwa 80 Minuten lang im Dampfbad lassen. In der Form erkalten lassen und auf eine Glasplatte stürzen. Oberfläche und Seiten evtl. dünn mit Apfelsinenmarmelade überziehen, die mit etwas Orangenlikör verdünnt wurde. Obenauf mit dünnen Apfelsinenscheiben und Rumkirschen garnieren.

Anmerkung:
Der Masse können auch einige gebratene, in Zukker gewälzte, kleingeschnittene Apfelsinenschalen-Streifen oder andere feingewiegte kandierte Früchte beigegeben werden.

Apfelsinencreme-Torte

Für 6 Personen	
Zum Teig:	
150 g	Mehl
40 g	Zucker
75 g	Butter oder Margarine
	Salz
Zur Creme:	
100 g	Brötcheninneres (2 abgeschälte Brötchen)
¼ l	Milch
60 g	Butter oder Margarine
125 g	Zucker
4	Eier
125 g	abgezogene, feingehackte Mandeln
1	Apfelsine (abgeriebene Schale)
1	Päckchen Vanillezucker (20 g)
Zur Glasur:	
1	Apfelsine (Saft)
150 g	Puderzucker

Mehl und Butter oder Margarine verarbeiten. Zucker, 1 Prise Salz und so viel lauwarmes Wasser

Apfelsinenauflauf mit Mandeln

dazugeben, daß ein geschmeidiger Teig entsteht. Einen Ballen daraus formen, und an einem kühlen Ort eine halbe Stunde ruhen lassen.

Zur Creme Milch in einem kleinen Topf lauwarm werden lassen, abgeriebene Apfelsinenschale hineinstreuen und auf das Brötcheninnere gießen. Butter und Zucker in einer Glas- oder Porzellanschüssel schaumig rühren, einzeln Eigelb dazugeben und gut verarbeiten. Nun Mandeln, ausgedrücktes, durch ein Sieb gestrichenes Brötcheninneres, steifgeschlagenen Eierschnee und Vanillezucker hineingeben und vorsichtig gut verrühren. Eine runde Tortenform buttern und bemehlen, mit dem dünn ausgerollten Teig auslegen und die Creme hineinstreichen. In der vorgewärmten Backröhre bei Mittelhitze etwa 1 Stunde backen. Wenn die Torte fertig ist, Zucker und Apfelsinensaft in einem kleinen Topf unter ständigem Rühren auf kleiner Flamme so lange kochen, bis sich der Zucker auflöst. Ist die Torte erkaltet, den Rand der Form entfernen und mit einem breiten Messer oder einem Bratenwender sofort die Apfelsinenglasur auf die Torte streichen.

Grapefruit-Kelche

Für 6 Personen

3	größere Grapefruits
2	Bananen
300 g	gefrorene Erdbeeren
30 g	Puderzucker
1/5 l	süße Sahne
1/10 l	Orangenlikör (Maraschino oder Cointreau)

Die Erdbeeren bei Zimmertemperatur auftauen lassen und zerkleinern. Die Bananen in dünne Scheiben schneiden und an die Erdbeeren geben, mit wenig Puderzucker bestreuen, mit Maraschino begießen und 1 Stunde zugedeckt ruhen lassen. Inzwischen die Grapefruits halbieren und das Innere vorsichtig herausnehmen, entkernen, in Würfel schneiden, mit Puderzucker bestäubt an das übrige Obst geben und alles vorsichtig verrühren. Die Grapefruitschalen in Kelche oder Gläser stellen, mit dem Obst füllen und obenauf mit etwas Puderzucker gesüßte Schlagsahne geben. Bis zum Servieren kalt stellen.

Abwandlungen:
Pfirsichkompott nehmen, Pfirsiche abtropfen lassen, in Würfel schneiden, mit wenig Kirschbranntwein beträufeln und mit dem Grapefruitfleisch vermischen. Eine halbe Stunde ziehen lassen. Inzwischen Vanillecreme (s. S. 60) zubereiten und über das in die Grapefruitschalen gefüllte Obst geben. Ebenfalls mit Schlagsahne garnieren, darüber grobgehackte Mandeln oder Nüsse streuen. Bis zum Servieren kalt stellen.

Das in Würfel geschnittene Grapefruitfleisch mit wenig süßem Brandy begießen und 1 Stunde durchziehen lassen. Die Grapefruitschalen halb mit Vanilleeis füllen und die Grapefruitwürfel darauf verteilen. Mit Schlagsahne garnieren.

Erst unmittelbar vor dem Servieren zubereiten, die Grapefruitschalen bis dahin in den Kühlschrank stellen!

Grapefruit-Creme

Für 4 Personen

80 g	Mehl
80 g	Zucker
4/10 l	Grapefruitsaft
1/5 l	süße Sahne
1	Banane
1/2	Zitrone
50 g	Kokosraspeln
	Salz

Mehl, Zucker und 1 Prise Salz vermengen, nacheinander Zitronen- und Grapefruitsaft dazugeben, glattrühren und unter ständigem Rühren auf kleiner Flamme etwa 5 Minuten kochen. Erkalten lassen. Inzwischen die Schlagsahne zubereiten, die Banane in Scheiben schneiden und mit einer Gabel zerdrücken. Banane, Kokosraspeln und schließlich vorsichtig die Schlagsahne in der Creme verrühren. In kleine Schälchen verteilen, mit Bananenscheiben, eventuell mit kandierten Kirschen garnieren. Bis zum Servieren kalt stellen.

Betrunkene Maronen, Dessert der antiken Römer

Für 8–10 Personen

800 g	Maronen
1 l	Qualitätsrotwein

Die Schalen der Maronen mit einem scharfen Messer einschneiden und in einem löchrigen Metallgefäß – vorzüglich eignet sich ein rundes Spätzlesieb – möglichst in der Glut oder in der Backröhre rösten. Dann abschälen und mit der Handfläche breitdrücken, je einen Zahnstocher einstechen und nebeneinander in eine Schüssel

Grapefruit-Creme

SÜSSIGKEITEN AUS OBST

legen. So viel Rotwein dazugießen, daß die Maronen bedeckt sind. Zudecken und in der vorgewärmten, jedoch ausgeschalteten Backröhre oder auf einem Heizkörper eine halbe Stunde durchziehen lassen. Lauwarm servieren, schmeckt jedoch auch kalt vorzüglich.
Möglichst die größeren „Maroni"-Kastanien verwenden.

Kastanienkugeln

Für 4 Personen

250 g	Kastanienmasse
100 g	Mandeln
10 g	Kakao
50 g	Tortenstreusel oder geriebene Schokolade
	Rum

Die fertige Kastanienmasse mit wenig Rum geschmeidig machen, die abgezogenen, gemahlenen Mandeln und den Kakao dazugeben und alles schaumig rühren. Mit angefeuchteten Händen kleine Kugeln formen, in den Tortenstreusern bzw. der geriebenen Schokolade wenden und in Papierkörbchen legen. 1–2 Stunden kalt stellen.

Kastanienpyramide

Für 6 Personen

600 g	Kastanienmasse
150 g	Löffelbiskuit
5	Eiweiß
80 g	Zucker
1/5 l	süße Sahne
1/5 l	Brandy
10–15	gezuckerte Kastanien (eventuell marron glacé)

500 g Kastanienmasse mit 1/10 l süßer Sahne und Brandy schaumig rühren, 100 g Masse zur Gar-

Kastanienkugeln und Wiener Kastanienrosen

nierung aufheben. Mit der Masse eine Pudding- oder Napfkuchenform füllen und kalt stellen.
In einem kleinen Topf Eiweiß mit Zucker cremeartig rühren – nicht aufschlagen! –, bis es weiß ist. Dann auf ganz kleiner Flamme aufsetzen und unter ständigem Rühren löffelweise den mit 3 Eßl. Wasser verdünnten Brandy hinzugeben und zu einer dicken Creme einkochen. Erkalten lassen. Die Kastanienmasse aus der Form auf eine Platte stürzen, mit der Creme überziehen und mit Löffelbiskuits, die mit dem restlichen verdünnten Brandy bespritzt wurden, zaunartig umgeben. Die restliche Kastanienmasse in einen Spritzbeutel füllen und damit die Spitze der Pyramide garnieren. Schließlich die Lücken zwischen den aufgespritzten Kastanienrosen mit Schlagsahne ausfüllen. Mit gezuckerten Kastanien garnieren.
Diese Süßigkeit ist sehr sättigend und hat es hinsichtlich der Kalorien in sich. Die Eicreme verleiht ihr einen besonders pikanten Geschmack.

Wiener Kastanienrosen

Für 6 Personen

300 g	Kastanienmasse
100 g	Schmelzkäse oder Quark
80 g	Puderzucker
3 Eßl.	weißer Kuba-Rum
25 g	Kakao
4	Nußbaisers
4	Löffelbiskuits
25–30	Kirschen

Kastanienmasse mit Kakao, gesiebtem Puderzucker, Schmelzkäse und Rum in einer hohen Schüssel schaumig rühren. Die zerbröckelten Baisers und Löffelbiskuits vermischen und damit den Boden kleiner Papierkörbchen (etwa 25–30 Stück) bedecken. Die Kastanienmasse in einen Spritzbeutel füllen und in jedes Körbchen eine Rose spritzen. Auf einer Glasplatte anrichten und eine halbe Stunde in den Kühlschrank stellen. Mit je einer kandierten Kirsche oder gut abgetropften Rumkirsche garnieren.

Apfelsinen-Kastanien-Kelch

Für 4 Personen

25 g	Zucker
12	Löffelbiskuits
6	Apfelsinen

Apfelsinen-Kastanien-Kelch

400 g	Kastanienmasse
4/10 l	süße Sahne
	Rum
10–15	Erdbeeren

Kastanienmasse mit 1/10 l süßer Sahne und nach Geschmack mit Rum geschmeidig machen. Die restliche Sahne aufschlagen und die Hälfte davon vorsichtig unter die Masse ziehen. Die Apfelsinen schälen und in dünne Scheiben schneiden. Eine Glasschüssel mit Apfelsinenscheiben auslegen, die Kastanienmasse daraufhäufen. Auf die Oberfläche Sahnetupfen spritzen und in deren Mitte eine rohe Apfelsinenscheibe stecken. Mit je 3 Löffelbiskuits garnieren, indem sie nur leicht in die Creme gedrückt werden. 1 Stunde in den Kühlschrank stellen. Gut gekühlt, mit Erdbeeren belegt servieren.

Obsttorte mit Creme

Für 6–8 Personen

400 g	fertige Biskuittorte
400 g	rotes Beerenobst (Himbeeren, Johannisbeeren, Preiselbeeren, Erdbeeren)
50 g	Puderzucker
	Vanillecreme aus 4 Eiern

SÜSSIGKEITEN AUS OBST

Vanillecreme (s. S. 60) zubereiten und auskühlen lassen. Das Obst – sind die Erdbeeren zu groß, zerschneiden – mit Puderzucker bestreuen und eine halbe Stunde im Kühlschrank durchziehen lassen. Die Torte waagerecht in zwei gleich große Hälften schneiden. Die untere auf eine Tortenplatte legen, mit dem Saft des Obstes begießen und dick mit Creme bestreichen. Die Hälfte des Obstes darauflegen und mit der anderen Tortenhälfte bedecken. Mit Obstsaft begießen und rundherum mit Creme bestreichen. Mit dem restlichen Obst garnieren und bis zum Servieren kalt stellen. Kann auch mit Schlagsahne verziert werden.

Geschichtetes Obst

Für 6 Personen

300 g	fertige einfache Biskuittorte
300 g	fertige Schokoladenbiskuittorte
50 g	Rosinen
50 g	Nüsse oder abgezogene Mandeln
1	Apfelsine
1	Banane
3	Scheiben Ananas aus der Dose
20–25	entsteinte eingekochte Sauerkirschen
1/10 l	Rum
Zum Guß:	
1	Päckchen Vanillepuddingpulver
3/4 l	Milch
100 g	Zucker
1	Ei

Torten in Würfel schneiden, Rosinen vorher in lauwarmem Wasser einweichen und abtropfen lassen und Nüsse bzw. Mandeln grob hacken. Ananas abtropfen lassen und wie die Apfelsine und die Banane zerschneiden. Den Boden einer hohen Glasschüssel mit einer Schicht gemischten Biskuitwürfeln bedecken, mit Rum beträufeln, Nüsse, Rosinen und die Obststücke bzw. die Sauerkirschen daraufstreuen. Es folgen erneut eine Schicht Biskuit, dann eine Schicht Obst, solange die Zutaten reichen. Aus dem Puddingpulver eine Vanillecreme bereiten: Puddingpulver in 6 Eßl. kalter Milch mit Zucker und Eigelb verrühren. Das Gemisch in die vom Feuer genommene aufgekochte Milch gießen und unter Rühren nochmals aufkochen. Das aufgeschlagene Eiweiß vorsichtig unter die heiße Puddingcreme ziehen. Diese auf den geschichteten Biskuit gießen. Bis zum Servieren in den Kühlschrank stellen. Kann mit Schlagsahne garniert werden.

Fruchteis

Für 4–6 Personen

400 g	Zucker
400 g	reifes Saisonobst (Himbeeren, Pfirsiche, Erdbeeren, Aprikosen, Johannisbeeren, Sauerkirschen, Bananen, Ananaskompott usw. – aber immer nur eine Sorte!)
1	Zitrone
1/10 l	Apfelsinensaft (auch Juice)

Zucker 5 Minuten mit ½ l Wasser kochen, durch ein Haarsieb gießen und abkühlen lassen. Die gewaschenen, abgetropften, eventuell entsteinten oder entstielten Früchte mixen, durch ein Haarsieb seihen, damit die in fingernagelgroße Stücke geschnittene Zitronenschale, den durchgeseihten Zitronen- und Apfelsinensaft sowie den Sirup verrühren. Eine halbe Stunde stehen lassen und nochmals durch ein Haarsieb gießen.
In eine Eismaschine oder in die Eisschale des Kühlschranks geben und auf die übliche Art (s. S. 61) gefrieren.
Ein außerordentlich erfrischendes leichtes Eis, da es ohne Milch bzw. Sahne zubereitet wird. Nach Belieben mit Waffeln, Früchten oder mit aromatischem Likör übergossen servieren.

Früchtereis

Für 4 Personen

200 g	Reis
3/10 l	Milch
1	Päckchen Vanillezucker (20 g)
	Salz
4/10 l	süße Sahne
150 g	Zucker
400 g	gemischtes Obst (frisches, eingekochtes oder tiefgefrorenes)
1/10 l	aromatischer Likör
50 g	Puderzucker

Milch mit 2/10 l Wasser, Zucker und 1 Prise Salz erwärmen, auf den in kaltem Wasser gewaschenen Reis gießen und auf kleiner Flamme unter häufigem Rühren gar kochen. Lauwarm abkühlen, Vanillezucker und die Hälfte der süßen Sahne dazugeben. Inzwischen das Obst abtropfen lassen (frisches Obst entsteinen), zerkleinern und mit dem

Früchtereis

SÜSSIGKEITEN AUS OBST

Likör begießen. Reis und Obst schichtweise in Schälchen oder Kelche geben. Obenauf kommt Obst. Die restliche Sahne mit Puderzucker steif schlagen und Rosetten auf das Obst spritzen. Mit 1–2 Sauerkirschen oder anderen roten Beeren garnieren. Gut gekühlt servieren.

Früchtebutter

200 g	reifes Obst
250 g	Butter
	Puderzucker nach Bedarf

Früchtebutter kann aus jedem Obst zubereitet werden, wobei sich jedoch „aromatische" Obstarten (Erdbeeren, Himbeeren, Apfelsinen, Sauerkirschen, Aprikosen) am besten eignen.
Obst im Bedarfsfall abschälen, passieren oder mixen, nach Geschmack süßen, löffelweise an die Butter geben und schaumig rühren. In einer Kunststoffschüssel mit Deckel oder in Folie verpackt im Kühlschrank aufbewahren. Früchtebutter wird auf Milchbrot oder Zwieback zum Frühstück oder Nachmittagskaffee gereicht. Kinder essen sie besonders gern.

Früchtebrot

Für 8–10 Personen	
Zum Obstsalat:	
2	Äpfel
1	Birne
1	Banane
200 g	Rosinen
30 g	Zucker
1	Zitrone
	Mehl
Zum Teig:	
500 g	Mehl
250 g	Zucker
1	Päckchen Vanillezucker (20 g)
3	Eier
150 g	Butter
1/10 l	Milch
20 g	Hefe
	Salz
1	Würfelzucker

Zum Obstsalat Obst schälen und in kleine Würfel schneiden. Die eingeweichten Rosinen abtrocknen, mit wenig Mehl bestäuben, Zitronenschale und Zucker dazugeben und alles mit dem Obst verrühren.
Zum Teig Zucker, Butter und Vanillezucker in einer Schüssel schaumig rühren. Einzeln Eier, Mehl, 1 Eßl. Zitronensaft und schließlich die in der gezuckerten Milch aufgegangene Hefe dazugeben und alles gut verarbeiten, so daß eine cremeartige Masse entsteht. Den Obstsalat in den Teig rühren und alles in eine gebutterte, bemehlte runde Tortenform gießen. In der vorgewärmten Backröhre bei Mittelhitze 1 Stunde backen. Backofentür 30–35 Minuten nicht öffnen! In der Form erkalten lassen.

Trockenobst-Salat

Für 6–8 Personen	
500 g	Trockenpflaumen
200 g	Trockenbirnen
200 g	Trockenaprikosen
250 g	gezuckerte Trockenfeigen
50 g	abgezogene Mandeln
1/10 l	Whisky
4/10 l	starker Tee
1	Apfelsine
	Puderzucker

Trockenobst außer Mandeln im lauwarmen Tee einweichen und 24 Stunden stehen lassen. Danach durchseihen, Pflaumen entkernen und das Obst kleinschneiden. Mit Whisky und Apfelsinensaft begießen und nach Bedarf mit etwas Puderzucker bestreuen. Alles gründlich vermischen, eine halbe Stunde kalt stellen und zum Schluß die grobgehackten Mandeln dazugeben. Kalt servieren.
Abwandlungen:
Statt Whisky Brandy verwenden.
Obst statt in Tee in lauwarmem Wasser einweichen. Nachdem es abgetropft ist, mit etwas Sherry begießen und 2–3 Stunden ziehen lassen. In diesem Fall keinen Apfelsinensaft verwenden.
Trockenobst in lauwarmem Wasser einweichen, abtropfen lassen, nach Bedarf mit wenig Puderzucker bestreuen und mit ½ l trockenem Sekt begießen. 5–6 Stunden kalt stellen.

Früchtebrot

SÜSSIGKEITEN AUS OBST

Kalifornischer Obstsalat

Für 6 Personen

4	Becher Ananas- oder Bananenjoghurt
2	Apfelsinen
1	Banane (bei Bananenjoghurt) oder
3	Scheiben Ananaskompott (bei Ananasjoghurt)
60 g	Puderzucker
1/10 l	Orangenlikör (z. B. Cointreau, Curaçao)

Joghurt in eine Glasschüssel geben und mit den in Würfel geschnittenen Apfelsinen, den Bananenscheiben (oder gewürfeltem Dosenananas), Puderzucker und Orangenlikör gut verrühren. In Becher füllen und in den Kühlschrank stellen. Kann mit Schlagsahne serviert werden.

Abwandlung:
Wird der Obstsalat für Kinder zubereitet, Orangenlikör durch Apfelsinensirup ersetzen.

Kartoffelknödel mit Obst

Pflaumen, Aprikosen, Sauerkirschen, Kirschen
oder Weintrauben können verwendet werden

Für 6–8 Personen

1 kg	mehlige Kartoffeln
1	Ei
1	nußgroßes Stück Butter oder Fett
250 g	Mehl
	Salz

Kartoffelknödel mit Aprikosen

AUS GEMISCHTEM OBST

700 g	Obst
80 g	Butter
100 g	Semmelmehl
	Zimt
70 g	Puderzucker

Pellkartoffeln kochen, warm abschälen, passieren und auskühlen lassen. Inzwischen das Obst entkernen und abtropfen lassen. Kartoffeln mit Ei, zerlassener Butter, Mehl und 1 Prise Salz schnell zu einem Teig verarbeiten und auf einem bemehlten Nudelbrett dünn ausrollen. In etwa 6 × 6 cm große Quadrate schneiden, auf jedes eine Pflaume (oder zwei Kirschen bzw. Sauerkirschen, ½ Aprikose, einige Weintrauben) geben, die vier Ecken zusammenschlagen und Knödel formen. Diese in siedendem Salzwasser kochen, mit dem Schaumlöffel herausnehmen und sofort auf das in der Butter gebräunte Semmelmehl geben. Nicht rühren, sondern nur schwenken. Warm mit Zimt und Puderzucker servieren.

Honig-Obst-Häppchen

Für 6 Personen

1 kg	Obst (Äpfel, Birnen, Bananen, Ananas usw.)
⅕ l	Honig
1	Zitrone

Obst schälen und in möglichst gleich große Würfel schneiden. Falls Kompott verwendet wird, vorher gut abtropfen lassen. Honig mit Zitronensaft verdünnen und auf einen flachen Teller gießen. Die Obstwürfel abwechselnd auf Metall- oder Holzspieße spießen, im Honig wenden und auf ein Backblech legen, das so breit ist, daß die beiden Spießenden auf den Rand aufgelegt werden können. In der vorgewärmten, heißen Backröhre so lange backen, bis der Honig goldbraun ist. Sofort warm servieren.

Jeannettes Obsttorte

für 4 Personen

400 g	Saisonobst
½	Gläschen Rum
	Zum Teig:
200 g	Mehl
100 g	Butter
75 g	Puderzucker
2	Eigelb
5 g	Hefe

Honig-Obst-Häppchen

	Milch
1	Würfelzucker
	Salz
	Zur Vanillecreme:
2	Eigelb
1 Eßl.	Zucker
1 Eßl.	Mehl
¼ l	Milch
1	Päckchen Vanillezucker (20 g)
2 Eßl.	Aprikosenmarmelade

Aus den Zutaten mit der in gezuckerter Milch aufgegangenen Hefe einen möglichst festen Teig zubereiten (s. S. 60), ausrollen, in eine gebutterte, bemehlte Form streichen, mit der Gabel mehrmals einstechen und bei Mittelhitze goldgelb backen.
Ist die Torte erkaltet, aufschneiden und mit der ebenfalls abgekühlten Vanillecreme (s. S. 60) füllen. Die Oberfläche mit den in Rum eingeweichten, abgetropften Früchten garnieren und mit der mit etwas Wasser verdünnten Aprikosenmarmelade bestreichen. Die Torte möglichst einen Tag vor dem Servieren backen, damit der Teig durch die Creme mürbe wird. Schmeckt besonders gut mit Südfrüchten.

SÜSSIGKEITEN AUS OBST

Notizen

ANHANG

Einige nützliche Ratschläge

– Da es verschiedene Backöfen gibt, dient die angegebene *Backzeit* nur als Richtlinie. Will man genau wissen, ob der Kuchen durchgebacken ist, sticht man eine Strick- oder Rouladennadel in den Kuchen. Bleibt beim Herausziehen kein Teig daran hängen, ist der Kuchen fertig. Andernfalls noch 5–10 Minuten weiterbacken (nicht länger, da der Teig sonst verbrennt).
– *Wie wird der Kuchen gebacken?* Man beginnt das Backen in der Regel in der vorgeheizten Backröhre, die Röhre wird 10 Minuten vorher eingeschaltet. Bei Blätterteig sowie mit Eierschnee und Hefe zubereiteten Kuchen darf die Temperatur nicht verringert werden – bei Aufläufen muß sie sogar gesteigert werden! Die Backofentür darf 25–30 Minuten nicht geöffnet werden, da der Teig sonst zusammenfällt. Den fertigen Kuchen noch etwa 5 Minuten in der Röhre lassen.
– *Mehl* muß immer gesiebt werden.
– Eine Prise *Salz* gehört zu jedem Teig, da er sonst keinen Geschmack hat.
– *Hefe* immer rechtzeitig in der gezuckerten lauwarmen Milch aufgehen lassen, und erst zum Teig geben, wenn sie sich völlig aufgelöst hat.
– *Rosinen* 1–2 Stunden vor der Verwendung in warmem Wasser, Milch oder Rum einweichen.
– Damit die Rosinen, kandierten Früchte, Kirschen oder Sauerkirschen *nicht auf den Boden der Backform* sinken, werden sie vorher mit Mehl bestäubt.
– *Mandeln und Haselnüsse* immer abziehen bzw. abschälen. Mandeln in heißes Wasser geben, abtropfen lassen und aus der Schale drücken. Auf einem Geschirrtuch abtrocknen lassen oder einige Minuten zum Trocknen in die Backröhre geben. Haselnüsse in einem Topf goldbraun rösten. Sind sie erkaltet, zwischen den Handflächen die Schale abreiben.
– Damit der Eierschnee nicht zusammenfällt, eine Prise Salz an das Eiweiß geben, soweit Salz den Gesamtgeschmack nicht stört. Viele Desserts benötigen unbedingt steifen Eierschnee.
– *Eier* stets einzeln in eine Tasse schlagen und erst dann dem Teig zufügen! (Ein schlechtes Ei kann den ganzen Teig unbrauchbar machen.)
– Die *Schlagsahne* wird dann steif, wenn wir die Sahne vor dem Aufschlagen kalt stellen.
– Bereitet man *Pudding oder kalte Creme*, die Form stets mit Wasser ausspülen. Bleibt die Creme dennoch in der Form haften, diese einige Augenblicke in warmes Wasser tauchen.
– Da das *Äußere* der Süßigkeit sehr wichtig ist, muß der zubereitete Kuchen möglichst unversehrt aus der Form genommen werden. Deshalb die Form gründlich fetten und bemehlen. Noch besser ist es, die Form mit gefettetem Pergamentpapier oder Folie auszulegen.
– Bei *gefülltem Kuchen* diesen erst völlig erkalten lassen, dann aufschneiden bzw. füllen.
– Damit sich die *Taschen aus Blätterteig nicht öffnen*, werden die Ränder der Teigstücke noch vor dem Zusammenschlagen mit einem nassen Pinsel bzw. Finger angefeuchtet. Noch einfacher ist es, einen Eiswürfel über die Teigränder zu ziehen.
– Obst stets *unter fließendem Wasser waschen*, niemals einweichen!
– Einige Obstarten (Äpfel, Birnen, Bananen) werden sehr schnell *braun*. Um das zu vermeiden, das Obst nach dem Schälen sofort mit Zitronensaft beträufeln.
– *Vanillezucker* darf nur am Ende der Kochzeit an die Creme gegeben werden, sonst wird die Creme bitter.
– Zur Zubereitung von Süßspeisen einen *gesonderten Holzlöffel* verwenden, der nur zu diesem Zweck benutzt wird.

Mürbeteig

Es gibt verschiedene Rezepte; ich bereite ihn folgenderweise zu:

200 g	Mehl
100 g	Butter oder Margarine
100 g	Puderzucker
1	Ei
1	Eigelb
	Salz
1–2 Eßl.	saure Sahne nach Bedarf

Mehl mit der noch harten, in dünne Scheiben geschnittenen Butter zerkrümeln (es entsteht ein grießartiges Gemisch), in die Mitte eines Holzbrettes geben und eine Vertiefung eindrücken. Ei und Eigelb mit Zucker und einer Prise Salz schaumig rühren, in die Vertiefung gießen und schnell zu einem Teig verarbeiten. Ist der Teig zu fest, etwas Wasser oder saure Sahne dazugeben. Einen Ballen formen und eine halbe Stunde ruhen lassen. Danach den Teig auf einem bemehlten Brett in der im jeweiligen Rezept angegebenen Weise ausrollen.
Die Zubereitung des Teigs muß sehr zügig vor sich gehen, da Butter oder Margarine sonst durch die Wärme der Hände schmilzt und durch das Mehl aufgesaugt wird, was beim Backen zu einem Verbrennen des Teiges führt.

ANHANG

Grundrezept für Torten mit Creme- oder Obstfüllung

240 g	Mehl
160 g	Butter oder Margarine
80 g	Puderzucker
1	Ei
20 g	Hefe
3 EBl.	Milch
1	Würfelzucker
	Salz
550 g	gemahlene Nüsse nach Bedarf
	trockene Bohnen

Den Würfelzucker in der lauwarmen Milch auflösen, Hefe hineinrühren und aufgehen lassen. Butter und Puderzucker schaumig rühren. Das Mehl auf ein Brett häufen, die mit dem Zucker schaumig gerührte Butter, das Ei, 1 Prise Salz sowie die Hefe hineingeben. Alles gründlich verarbeiten, einen Ballen formen und 1 Stunde ruhen lassen. Danach auf einem bemehlten Brett wie im Rezept angegeben ausrollen und damit eine gebutterte und bemehlte Form auslegen. Aus Folie eine tortenformgroße Scheibe schneiden und auf die Torte legen. Darauf eine Handvoll trockene Bohnen als Gewicht streuen, damit die Torte keine Blasen schlägt. In der vorgeheizten Backröhre bei Mittelhitze backen. Die Tür der Backröhre nicht öffnen! Torte in der Form erkalten lassen und erst dann füllen.

Einfache Biskuittorte

(falls keine fertige Biskuittorte zur Verfügung steht)

6	Eier
175 g	Zucker
175 g	Mehl
½	Zitrone
	Salz

Eigelbe und Zucker schaumig rühren, Eiweiß mit 1 Prise Salz steif schlagen. Abgeriebene Zitronenschale an das Mehl geben und abwechselnd mit dem Eierschnee löffelweise unter die Eigelbe rühren. Sehr vorsichtig mit einem Rührlöffel oder einer Gabel rühren, damit der Schnee nicht zusammenfällt. Den Boden einer Tortenform buttern und bemehlen – niemals die Seiten, da die Torte sonst „bucklig" wird – und den Teig hineingießen. In der vorgewärmten Backröhre bei Mittelhitze (175 Grad) etwa 40 Minuten backen. Während des Backens die Tür nicht öffnen, sonst fällt die Torte zusammen. Danach einen Holzlöffel in die Backröhre klemmen und die Torte noch 5–8 Minuten drin lassen.

Die Biskuittorte kann in einem oder aufgeschnitten, gefüllt oder ungefüllt monatelang im Tiefkühlfach aufbewahrt werden. Bei Zimmertemperatur taut sie in 1 Stunde auf, dann kann sie weiter verarbeitet werden. (In der Backröhre taut sie bei 150–160 Grad in 15 Minuten auf.)

Einfache Vanille-Grundcreme

4	Eigelb
75 g	Mehl
150 g	Zucker
½ l	Milch
½	Vanillestange
1	Päckchen Vanillezucker (20 g)
	Zitronenschale

Milch mit Vanillestange und 1–2 Stückchen Zitronenschale aufkochen und lauwarm abkühlen lassen. Eigelb und Zucker schaumig rühren, Mehl dazugeben, glattrühren und schließlich langsam mit der durchgesiebten Milch verdünnen. Unter ständigem Rühren über Dampf oder auf sehr kleiner Flamme eindicken. Erkalten lassen, dabei ab und zu umrühren, damit sich keine Haut bildet.

Anmerkung:
Auf die gleiche Art wird die Schokoladencreme zubereitet, wobei noch 30 g Kakao an die Eier gegeben werden.

Vanillecreme (Bavarois)

4	Eigelb
100 g	Zucker
¼ l	Milch
20 g	Gelatine
½ l	süße Sahne
	Vanille
	etwas Cognac

Milch und Vanille aufkochen, erkalten lassen und durchsieben. Die Gelatine in wenig warmem Wasser auflösen, Eigelb und Zucker schaumig rühren. Dann unter ständigem Rühren nach und nach Milch und Gelatine dazugeben, in einen kleinen Topf gießen und über Dampf oder auf ganz kleiner Flamme unter ständigem Rühren zum Sieden bringen. Nicht kochen! Wird die Masse dick, vom Feuer nehmen und lauwarm abkühlen lassen. Inzwischen die Sahne steif schlagen und vorsichtig unter die Creme ziehen. Eine größere oder mehrere kleinere Puddingformen mit etwas Cognac beträufeln, die Creme hineingießen und mindestens 2–3 Stunden kalt stellen. Vor dem Servieren die Seiten der Form leicht anschlagen bzw. die Form kurz in warmes Wasser stellen, damit die Creme unversehrt gestürzt werden kann.

Rum-, Brandy-, Weinchaudeau (Sabayone)

3	Eigelb
80 g	Zucker
9 Eßl.	Rum, Brandy oder Wein

Eigelb und Zucker schaumig schlagen, dann löffelweise Rum, Brandy oder Wein dazugeben (die Menge verdoppelt sich etwa) und die Masse über Dampf unter ständigem Rühren so lange kochen, bis sie dick wird. Danach vom Dampf nehmen und noch 5 Minuten mit dem Schneebesen rühren. Laut Rezept warm oder kalt servieren.
Anmerkung:
Zur Zubereitung von Weinchaudeau eignen sich am besten würzige Weine.

Eisbereitung ohne Eismaschine

(besonders für Fruchteis ohne Milch)
Eismischung je nach Rezept zubereiten und in die Eisschale ohne Portionseinsatz füllen. Mit Folie abdecken, in das Eisfach bei höchster Kältestufe stellen. Nach 40–50 Minuten herausnehmen, mit einem Plastik- oder nur zu diesem Zweck benutzten Holzlöffel umrühren und erneut in das Eisfach stellen. Diesen Vorgang halbstündlich wiederholen, bis das Gemisch cremeartig wird.
Wie lange es dauert, bis Eis entsteht, hängt von der Leistung des Kühlschranks ab.

Karamel-Zubereitung

150–200 g Zucker

Zucker mit 2–3 Eßl. Wasser in einem kleinen Topf verrühren und auf kleiner Flamme unter ständigem Rühren haselnußbraun rösten. Vom Feuer nehmen und sehr schnell verarbeiten, weil der Karamel rasch erstarrt.
Soll flüssiger Karamel zubereitet werden, mit einigen Löffeln kaltem Wasser verdünnen, aufkochen und erkalten lassen.

Was man über Aufläufe wissen muß

– Die Masse kann vorher zubereitet werden, den Eierschnee aber erst im letzten Augenblick dazugeben. Nicht mit einem Holzlöffel, sondern mit einer Gabel arbeiten, immer von unten nach oben, mit lockeren ausholenden Bewegungen. Bevor man an den Teig geht, die Backröhre einschalten und die Form vorbereiten.
– Die Backform darf nur bis zur Hälfte, höchstens bis zu zwei Dritteln gefüllt werden, da die Masse stark aufgeht.
– Wird die Masse in die Backröhre gestellt, muß die Temperatur erhöht werden, da sonst das „Aufblähen" gefährdet ist.
– Die Tür der Backröhre darf nicht geöffnet werden!
– Auflauf muß sofort serviert werden. Falls das nicht möglich ist und der Prozeß des „Zusammenfallens" verlangsamt werden soll, eine Nadel in die Mitte der Form stechen, damit der Dampf so abgeleitet wird.

Wie wird flambiert?

Eine feurige, jedoch keineswegs teuflische Sache. Es lohnt sich, das Flambieren zu erlernen, es ist eine sehr spektakuläre Servierform, die vor allem bei Süßspeisen und Fleischspeisen Anwendung findet.
Es ist zweckmäßig, das Flambieren – um jede Gefahr auszuschalten – auf einem Servierwagen am Eßtisch auszuführen. Es ist eine „Männerarbeit", wie z. B. das Aufschneiden des Bratens.
Was braucht man zum Flambieren?
– eine im Handel zum Fondue-Gerät erhältliche Spiritusflamme
– eine Pfanne aus rostfreiem Chromnickelstahl oder feuerfestem Material
– 2 Bratenwender
– 1 größeren Löffel
– 1 kleine rostfreie Schöpfkelle
Alles zur Hand legen, da sehr schnell gearbeitet werden muß:
Die zu flambierende Speise wird nach dem Rezept vorbereitet, dann schnell in dem in einer Pfanne erhitzten Fett oder in der Soße gewendet. Ist alles

entsprechend heiß geworden (alle Zutaten müssen sehr heiß sein!), die Pfanne beiseite ziehen. Den in die Schöpfkelle gegossenen Alkohol (diese bis 1 cm unter den Rand füllen) über der Flamme erhitzen, dann die Kelle vorsichtig neigen, damit sich der Alkohol entzündet, und diesen über die Speise gießen. Niemals über die Speise gegossenen Alkohol entzünden, da das für Haar und Kleidung gefährlich werden kann! Nur chemisch reinen Spiritus oder Alkohol verwenden, damit die Speisen keinen unangenehmen Geschmack bekommen! Aus demselben Grund den Alkohol nicht mit dem Streichholz, sondern mit dem Gasanzünder oder Feuerzeug anzünden. Wenn die Flamme des auf die Speise gegossenen Alkohols verglimmt, sofort servieren!

Dampfbad

Dampfbad ist bei zahlreichen gekochten Cremes wichtig, damit diese nicht unmittelbar mit dem Gas oder Strom in Berührung kommen. Benötigt werden ein größerer und ein kleinerer Topf, die übereinanderpassen. Den größeren Topf mit so viel Wasser füllen, daß der kleinere etwa zur Hälfte im Wasserbad hängt. Das Wasser bis zum Sieden bringen und auf kleiner Flamme kochend bleiben lassen. Die Creme in den kleinen Topf geben und unter ständigem Rühren eindicken.
Diese Methode ist etwas zeitaufwendiger als ein Kochen über der kleinen Flamme, jedoch unvermeidbar, wenn die Creme nicht anbrennen oder aufkochen soll, wodurch sie verdirbt.

Im Wasserbad zubereitete Puddings und Aufläufe

Die mit der Masse gefüllte Form auf ein Blech mit hohem Rand stellen, in dieses lauwarmes Wasser gießen und in die Backröhre stellen. Zeit und Temperatur entsprechend dem Rezept einhalten.

Haushaltsmaßeinheiten

1 gestrichener Eßlöffel

- Wasser, Obstsaft, Milch, saure Sahne, süße Sahne, Branntwein oder Likörarten — 15 g
- Puderzucker — 15 g
- Mehl, Zucker, Quark — 12 g
- Fett (Butter, Margarine) — 20 g

1 gehäufter Eßlöffel

- Mehl, Zucker, Quark — 20 g

1 Würfelzucker — 5 g

1 nußgroßes Stück Fett
(Butter, Margarine) — 20 g

1 Gläschen Alkohol
(Rum, Brandy, Liköre) — 3 Eßl.

Inhaltsverzeichnis

ANSTELLE EINES VORWORTS /3/

SÜSSIGKEITEN AUS OBST /5/
Erdbeerbombe /5/
Geschichtetes mit Erdbeeren /5/
Erdbeer-Charlotte I (kalt) /5/
Erdbeer-Charlotte II (kalt) /6/
Erdbeerschaum /7/
Erdbeeren mit Schneekronen /7/
Erdbeercreme (Bavarois) /7/
Erdbeer-Auflauf /8/
Erdbeer-Heidelbeersalat /8/
Erdbeer-Parfait /8/
Erdbeersalat à la Assunta /8/
Himbeer-Variationen /9/
   mit Brandy /9/
   mit Maraschino /9/
   mit Rum /9/
Himbeer- oder Erdbeer-Quark-Becher /10/
Himbeer- oder Erdbeersalat mit Wodkacreme /10/
Grießbrei mit Johannisbeeren /10/
Französischer Kirsch- oder Sauerkirschstrudel /12/
Kirschschnitte /12/
Kirsch- oder Sauerkirschkelch mit Joghurt /14/
Sauerkirschgelee-Schnitten /14/
Kirschtorte /14/
Sauerkirsch- oder Kirschkuchen mit Schneedecke /15/
Flambierte Sauerkirschen mit Nußeis /16/
Kirsch- oder Sauerkirschtaschen /16/
Aprikosentorte à la Großherzogin /16/
Aprikosen-„Igel" (ohne Backen) /17/
Aprikosenauflauf /18/
Pfirsichtorte (ohne Backen) /18/
Aprikosen in Weinteig /18/
Pfirsich Melba (schnell zubereitet) /20/
Pfirsichtorte mit Schlagsahne /20/
Flambierte Pfirsiche /21/
Mokka-Melone /21/
Pfirsichsalat mit Sekt /21/
Tokajer Melonencocktail /21/
Obstsalat im Melonenkelch /23/
Birnen-Apfel-Püree mit Schneedecke /25/
Birne à la Segovia /25/
Birnen à la Venedig /25/
Birne à la Schöne Helene /25/
Gebackene Schokobirnen /26/
Pflaumentorte /27/
Gefüllte Pflaumen mit Schokoraspeln /27/
Pflaumenkuchen /27/
Pflaumen-Apfel-Torte mit Anis /29/
Weintrauben-Cocktail /29/
Weintrauben in Karamel /29/

INHALT

Weintraubenkuchen /30/
Apfelkuchen /30/
Reiskranz mit Weintrauben /30/
Apfelkuchen (Apple-pie) /32/
Apfeltaschen /32/
Apfelkuchen einmal anders /32/
Gedeckte Apfeltorte /32/
Apfel im Schlafrock /34/
Großmutters Apfeltorte /35/
Apfelgelee /35/
Apfel-Reis-Charlotte /36/
Turiner Apfeltorte /36/
Gefüllte Bratäpfel /36/
Apfelauflauf mit Schneedecke /37/
Quittenkuchen /38/
Ananascreme (Bavarois) /38/
Ananas-Reis-Torte /38/
Verschiedene Ananassalate: /38/
   à la Creol /38/
   à la Krim /39/
   à la Kuba /39/
Ananas mit Kirschcreme /39/
Feigen-Apfelsinen-Kokos-Salat /39/
Datteln im Schlafrock /39/
Ananastorte /40/
Dattel-Leckerbissen /41/
Honig-Rosinen-Bananen /41/
Gebratene Bananen auf chinesische Art /41/
Kalifornische Bananentorte /41/
Bananen-Ananas-Eierkuchen à la Hawaii /42/
Bananen-Trockenpflaumen-Salat /42/
Kandierte Apfelsinenschale auf armenische Art /44/
Gebackene Apfelsinencreme /44/
Griechische Apfelsinentorte /44/
Apfelsinenrolle /46/
Apfelsineneis in der Apfelsine /46/
Apfelsinenauflauf mit Mandeln /46/
Apfelsinencreme-Torte /47/
Grapefruit-Kelche /48/
Grapefruit-Creme /48/
Betrunkene Maronen, Dessert der antiken Römer /48/
Kastanienkugeln /50/
Kastanienpyramide /50/
Wiener Kastanienrosen /51/
Apfelsinen-Kastanien-Kelch /51/
Obsttorte mit Creme /51/
Geschichtetes Obst /52/
Fruchteis /52/
Früchtereis /52/
Früchtebutter /54/
Früchtebrot /54/
Trockenobst-Salat /54/

Kalifornischer Obstsalat /56/
Kartoffelknödel mit Obst /56/
Honig-Obst-Häppchen /57/
Jeannettes Obsttorte /57/

ANHANG /59/
Einige nützliche Ratschläge /59/
Mürbeteig /59/
Grundrezept für Torten mit Creme- oder Obstfüllung /60/
Einfache Biskuittorte /60/
Einfache Vanille-Grundcreme /60/
Vanillecreme (Bavarois) /60/
Rum-, Brandy-, Weinchaudeau (Sabayone) /61/
Eisbereitung ohne Eismaschine /61/
Karamel-Zubereitung /61/
Was man über Aufläufe wissen muß /61/
Wie wird flambiert? /61/
Dampfbad /62/
Im Wasserbad zubereitete Puddings und Aufläufe /62/
Haushaltsmaßeinheiten /62/